Julius Fröbel

Bestandtheile der deutschen Parteien

Julius Fröbel

Bestandtheile der deutschen Parteien

ISBN/EAN: 9783744683401

Hergestellt in Europa, USA, Kanada, Australien, Japan

Cover: Foto ©ninafisch / pixelio.de

Weitere Bücher finden Sie auf **www.hansebooks.com**

Briefe

an den „Beobachter an der Saale, Schw...

Von

Julius Fröbel.

Besonderer Abdruck.

Rudolstadt, 1860.
Verlagsbuchhandlung der F. priv. Hofbuchdruckerei.

Leipzig, bei Franz Wagner.

Vorwort.

Der Verleger des „Beobachters an der Saale, Schwarza und Ilm" glaubt, daß die folgenden Blätter, obschon bloße Streiflichter auf unsere politischen Zustände werfend, doch einen weiteren Leserkreis verdienen, als sein Blatt ihnen zu verschaffen im Stande war. Er bietet also hiermit dem Publikum einen besonderen Abdruck.

Rudolstadt, Ende Juni 1860.

I.

Heidelberg, 6. April. Ich muß endlich mein Ihnen gegebenes Versprechen zu lösen suchen, Ihre Leser in dem Walde der politischen Literatur des Tages auf einige ausgezeichnete Erscheinungen aufmerksam zu machen welche zur Erkennung von Weg und Steg benutzt werden können. Das Versprechen war leichtsinnig gegeben; dieß ist der einfache Grund weßhalb ich so lange mit der Erfüllung gezögert habe. Selbst jetzt, indem ich mich dazu ermanne, steigt in mir die Erinnerung an die unangenehmen Empfindungen auf, die es verursacht wenn man in einer Wüste als Führer dienen soll, und doch selbst nicht weiß was rechts oder links, vorn oder hinten ist. Indessen ich mag bei Ihnen und Ihren Lesern nicht ganz in den Ruf der Unzuverlässigkeit kommen, und wenn nur keine zu hohen Ansprüche an mich gemacht werden, darf ich immer noch hoffen mir einigen Dank zu verdienen.

Deutschland ist unstreitig das Land in welchem am meisten gedruckt, schwerlich das Land, in welchem am meisten gelesen wird, und ganz gewiß nicht das Land in welchem schreiben, drucken und lesen am meisten hilft.

Auch diese Erkenntniß, geschrieben, gedruckt und gelesen, wird nicht viel helfen. Eine Nation kann so wenig wie ein einzelner Mensch aus der eigenen Haut fahren, es sei denn sie habe sich vorher als Puppe eingesponnen, um als Schmetterling die alte Rinde zu durchbrechen. Vielleicht ist das literarische Ausspinnen unserer Gedanken nichts als das Einspinnen des deutschen Bücherwurmes in den bewegungslosen Zustand, der einer letzten glänzenden Metamorphose vorausgeht. Sei es so! — und ich spinne mit! —

Auf meinem Schreibtische liegt ein Stoß von einigen sechzig politischen Flugschriften, mit einigen dickeren Heften, die auf den Namen von Büchern Anspruch machen können. Auf allen diesen trägt der Umschlag das Zeichen daß ich sie gelesen habe, — gelesen im Laufe der letzten zehn Monate.

Ohne das Zeichen wäre ich selbst nicht im Stande, in jedem einzelnen Falle sicher zu sein, ob ich als politisches Publikum meine Pflicht erfüllt. Daneben liegt ein zweiter, zum Glücke kleinerer Stoß, von Schriften welche ich noch lesen will, obschon ich die welche mir uninteressant schienen, in ansehnlicher Zahl sogleich meinem Buchhändler remittirt habe. „Hat denn der Mann nichts Gescheidteres zu thun?" werden vielleicht Ihre Leser fragen. Ich fühle den Vorwurf welcher in der Frage liegt. Wollte Gott er träfe meine kleinste Sünde. Ich habe aber nicht nur alle diese politischen Broschüren seit zehn Monaten gelesen, ich habe sogar eine selber geschrieben, was nur insofern verzeihlich genannt werden kann, als es mir den Vortheil gewährte daß ich sie nicht zu lesen brauchte.

Man muß gestehen, daß eine Production politischer Gedanken wie sie in allen diesen Schriften zu Tage liegt, in einem unpolitischen Volke wie das deutsche, erstaunlich ist. Wie viele Menschen aber, lassen Sie mich fragen, gibt es unter den vierzig Millionen Deutschen, welche diesem Zweige unserer Literatur mit der Aufmerksamkeit folgen mit der ich ihr gefolgt bin? — Sind es wohl Tausend? — Wo denke ich hin? — Sind es wohl Hundert? — Vielleicht! aber sehr wahrscheinlich ist es nicht.

Was ist nun ein Glück, was ein Unglück für Deutschland? — daß so zahlreiche politische Schriften gedruckt oder daß so wenige derselben gelesen werden? — Ich wage es nicht zu entscheiden. Erlauben Sie mir indessen einen Vergleich zu ziehen. In den Vereinigten Staaten sind Broschüren eine große Seltenheit, weil die Discussion öffentlicher Interessen ganz von den Zeitungen in Besitz genommen ist. Die bedeutendsten Zeitungen dort erscheinen in Auflagen, welche **hunderttausend** erreichen, wenn nicht überschreiten, und eine Broschüre druckt man nur, wenn man dem was man zu sagen hat eine **noch größere** Verbreitung geben will. Bei der letzten Präsidentenwahl erschienen in dieser Absicht einige Parteiflugschriften. Sie wurden vom Verleger mit Preisansatz „per Tausend" angekündigt.

Vielleicht liest man in Amerika gerade darum so viel, weil man so wenig schreibt, während man in Deutschland so wenig liest, weil man so viel schreibt. Wir sind ein Volk von Schriftstellern; und wie der Schuster der schlechteste Kunde des Schusters ist, so kann einem Volke von Schriftstellern nicht zugemuthet werden viele Bücher zu lesen, höchstens darin zu blättern.

Und dennoch liest der Deutsche im Fache der Politik im Durchschnitte nur was ihm gefällt, natürlich also nur das was mit seinen Ansichten übereinstimmt, eigentlich also nur das was er schon weiß. Dieß liest er gern in einem Journale, bei einer Tasse Kaffee und einer Cigarre, mit dem angenehmen Bewußtsein daß es Luxus ist, weil er es eigentlich nicht nöthig hat, eben weil er es schon weiß. Er sucht in den raisonnirenden Artikeln der Zeitungen seine politische Lieblingsmelodie, die ihm um so besser gefällt je öfter er sie hört. Er schafft eine Zeitung ab so bald sie zwei= oder dreimal einen ihm mißfälligen Artikel bringt, d. h. einen Artikel, in welchem er andere als seine eigenen Ansichten entdeckt. Er schafft sie also ab, wo erst der Grund beginnt weßhalb er sie vernünftigerweise angeschafft haben sollte. So verfährt der Einzelne welcher sich zu Hause seine Zeitung hält, und so verfahren selbst Lesegesellschaften in aufgeklärten Städten, als ob in der Politik die Gedanken des Gegners nicht das hauptsächlich Wissenswürdige wären.

Diese Auffassung der politischen Lectüre, bei welcher es nicht auf Belehrung sondern auf politische Erbauung abgesehen ist, sei es auch nur auf eine Erbauung wie die, welche durch ein auf eine Leierorgel gesetztes Vaterlandslied bewirkt wird, ist der Wirksamkeit der selbstständigen politischen Tagesliteratur besonders ungünstig. Den Zeitungen ist jener Leierorgelton in der Regel mehr oder minder eigen. Eine selbstständige politische Schrift tritt dagegen zu bestimmt auf, um ein musikalisch=patriotisches Bedürfniß befriedigen zu können. Man blättert ein wenig, und man merkt bald wohin der Mann will, vielleicht sogar woher der Mann kommt. Was braucht man mehr zu wissen. Enthält seine Schrift unsere eigenen Ideen, so lesen wir sie nicht weil wir diese Ideen schon kennen; enthält sie andere Ideen, so lesen wir sie nicht weil wir sie nicht kennen wollen. Also nicht etwa darum, weil man in Deutschland der Discussion müde wäre und endlich zur That übergehen möchte — denn von beidem ist bis jetzt wenig zu merken, — sondern gerade umgekehrt, weil in den selbstständigen politischen Schriften mit zu großer Bestimmtheit auf praktische Ziele hingearbeitet wird; aus diesem Grunde werden sie nicht von der Zahl und mit der Aufmerksamkeit gelesen, die ihrem massenhaften Erscheinen und dem wirklichen Bedürfnisse der Nation entspricht.

Und was erklärt, unter diesen Umständen, die fortdauernde große Fruchtbarkeit auf diesem Felde der Literatur? — Der Grund der Erschei-

1*

nung ist zusammengesetzt aus einem Bedürfnisse, und der Unmöglichkeit es auf die richtige Weise zu befriedigen. Noch fehlen uns in Deutschland die ständigen Organe der öffentlichen Meinung, wie sie in unseren Tagen eine sich dem politischen Bewußtsein auch nur nähernde Nation bedarf. Daß wir Zeitungen haben welche in vielen und wichtigen Beziehungen alles Lob verdienen, hilft dem Bedürfnisse nicht ab. Gut oder schlecht, — wir haben keine Zeitungen die als anerkannte Organe bestimmter politischer Parteien, Elemente und Mächte, mit dem sicheren Bewußtsein einen wesentlichen und oft entscheidenden Einfluß auszuüben, für das ganze Land von einer Grenze zur andern die Discussion der nationalen Angelegenheiten führen und zwischen sich theoretisch zum Schlusse bringen könnten. So weit in Deutschland Parteien im nationalen und praktischen Sinne existiren, müssen sie bis jetzt kukuksartig ihre Eier in zahlreiche Nester kleiner Vögelchen legen, und ein Gedanke der sich nicht als Kukuksei legitimiren kann, ist nirgends unterzubringen. Der Kukuk ist in Verschwörung mit der Grasmücke, dem Zaunkönig und dem gemeinen Sperling, und wer nicht zu dieser Verschwörung gehört, muß sein Ei da oder dort auf den Boden fallen lassen, und man nennt es dann eine Broschüre. Zuweilen freilich paßt es auch dem Kukuk selbst, — dem leibhaftigen Erzkukuk, der in Frankreich zu Hause ist, den Schein ehrlicher Verlegenheit anzunehmen und die Zahl dieser Findeleier vermehren zu helfen. Aus denen die er bei uns auf der Gasse verloren hat, ist die Theorie des Nationalitätsstaates und die Lehre von der nothwendigen Zertrümmerung Oesterreichs ausgeschlüpft.

II.

Heidelberg, 13. April. Um aus dieser Literatur nicht bloß Einzelnes nach ganz individuellem Urtheile und mehr oder minder auf Gerathewohl herauszugreifen, wird ein Eingehen auf die Parteien unerläßlich, deren Standpunkte und Ziele sich in den Schriften abspiegeln. Die ganze Zerfahrenheit und Rathlosigkeit der deutschen Politik — wenn man es überhaupt wagen darf diesen Ausdruck zu gebrauchen — legt sich in der Unmöglichkeit an den Tag, diese Standpunkte und Ziele auf irgend einen die gesammten Nationalinteressen umfassenden praktischen Gegensatz zu bringen. Theilt sich etwa die deutsche Nation, wie man vermuthen könnte, einfach in eine preußische und eine österreichische Partei? — theilt sie sich in eine republikanische und eine monarchistische? — in eine demokratische und eine aristokratische? — in eine revolutionäre und eine conservative? — in eine centralistische und eine föderalistische? — in eine protestantische und eine katholische? — Nein! — Keiner dieser Gegensätze kann sich rühmen mehr als ein Element der Verwirrung zu sein. Keiner hat ein solches praktisches Uebergewicht daß die andern sich ihm unterordnen müßten. Daher denkt, redet, schreibt, liest, wünscht, hofft, fürchtet, behauptet, bestreitet, erklärt, beweist, incriminirt und recriminirt, sympathisirt und antipathisirt Alles durcheinander, und nur auf dem Gebiete der That gibt es als Gegensatz gegen dieses theoretische Gewimmel eine bewundernswürdige Einheit, welche darin besteht, daß auf allen Seiten in gleicher Weise nichts gethan wird. — Doch nein! — Schillerfeste feiern, Denkmale errichten, — ist das nicht auch etwas gethan? — Ganz gewiß — es sind treffliche Vorstudien zur Errichtung und Einweihung eines Denkmals für die ganze deutsche Nation, welche, auf die bisherige Weise fortfahrend, sehr bald eines Denkmales für sich selbst bedürfen wird.

Indessen eine Classification unserer Parteien und Partei-Unterabtheilungen, sei es nach dem Linnéischen oder irgend einem andern, natürlichen oder unnatürlichen Systeme, ist für unsere Zwecke unerläßlich. Und weil es denn sein muß, so wollen wir zunächst eine **Fortschrittspartei**, eine **Stillstandspartei** und eine **Rückschrittspartei** unterscheiden, bann biese, so weit es unser Zweck erfordert, in ihre Hauptbestandtheile zerlegen, und an jeder Stelle die Schriften erwähnen welche dahin gehören und uns erwähnenswerth scheinen, wenn solche existiren und zu unserer Kenntniß gelangt sind. Eine Bemerkung muß nur im Allgemeinen vorausgeschickt werden. Wenn hier von „Parteien" überhaupt die Rede ist, so ist im strengeren Sinne der Ausdruck nur auf einzelne Fractionen anwendbar. Im Uebrigen ist er nichts als die Bezeichnung eines abstracten Begriffes. Die Personen in welchen die Ansichten, Wünsche und Bestrebungen eines gewissen politischen Standpunktes leben, bilden in Deutschland nicht, wie in anderen Ländern, organisirte und als Ganzes wirkende Körper; mit einer einzigen in Betracht kommenden Ausnahme. Im Uebrigen hat man es in Deutschland bis jetzt in dieser Beziehung nur mit den Individuen zu thun, und sollte also eigentlich eintheilen: 1) Fortschrittsmenschen, 2) Stillstandsmenschen, 3) Rückschrittsmenschen. Es sei uns indessen nichtsdestoweniger die vorgreifende Einbildung des Vorhandenseins wirklicher Parteien gestattet, weil die Zeit des Handelns, des gezwungenen wenn nicht des freiwilligen, immer näher rückt und am Ende die Individuen aus ihrer Vereinzelung heraus zur Vereinigung für bestimmte Zwecke treiben wird.

Wir beginnen demnach mit der **Fortschrittspartei**, welche unstreitig aus dem bei Weitem größeren Theile der Nation besteht. Wenn nicht allen Menschen klar ist daß man weder stillstehen noch rückschreiten **soll**, so unterliegt es keinem Zweifel daß die außerordentliche Mehrheit des deutschen Volkes weder stillstehen noch rückschreiten **will**, und daß selbst die welche einsehen daß man beides nicht **kann**, noch eine große Mehrheit bilden, die zugleich den Verstand für sich hat. Daß es **anders werden muß**, das ist wieder, wie in allen Zeiten nationaler Aufregungen, das Gefühl von welchem das Volk durchdrungen ist. **Anders** — darin stimmen, man möchte sagen Alle überein; — denn die, welchen es so recht ist wie es ist, machen kaum mehr als eine Ausnahme von der Regel. Noch nie ist wohl eine Nation weniger mit ihrem politischen Zustande zufrieden gewesen als gegenwärtig die deutsche, und bestände eine auch nur annähernde Uebereinstimmung der Gemüther darin wie es werden soll, — das Verlangen wäre unwiderstehlich, und der ausgesprochene Wunsch würde schon die Erfüllung enthalten. Leider aber findet in Bezug auf dieses „wie" gerade die äußerste und hartnäckigste Verschiedenheit der An=

sichten Statt, und alle die Millionen welche in der negativen Richtung ihres Urtheils und Willens einmüthig sind, laufen in der positiven nach allen Himmelsgegenden auseinander. Es ist dieß für ein Volk ein Krankheitssymptom der schlimmsten Art. — Jedoch zur Sache! —

Ich beginne in der Unterscheidung der Hauptelemente der Fortschrittspartei mit der äußersten Linken, welche aus den revolutionären Ultras oder Männern des radicalen Umsturzes besteht, aus denen welche das Heil von einer gewaltsamen Veränderung der deutschen wie der europäischen Verhältnisse erwarten. Es ist natürlich daß dieses Element vorzugsweise als politische Emigration im Auslande, in Frankreich, in der Schweiz, in England und Amerika existirt, oder in der Heimat wenigstens seine Aeußerungen zurückhält. Was davon in Amerika ist, hat sich den Verhältnissen des Vaterlandes viel zu sehr entlebt, um sie noch richtig beurtheilen und auf dieselben publicistisch einwirken zu können. Dagegen ist dieß keineswegs der Fall bei den Bestandtheilen welche sich mehr in der Nähe gehalten haben, und welche, in dem Conflicte der deutschen mit den französischen Interessen, selbst im feindlichen Lager den Angelegenheiten nicht minder nahe stehen als im Lager des eigenen Volkes.

In dieser revolutionären Emigration und ihren politischen Freunden in der Heimat lassen sich wieder drei Fractionen unterscheiden, deren Auseinanderlaufen sich neuerdings in einem bekannten publicistischen Streite deutlich an den Tag gelegt hat. Die äußerste Fraction ist die **socialistische**, namentlich durch einige zu London lebende Deutsche repräsentirt, deren bedeutendste Persönlichkeit als entschiedenster Gegner Carl Vogt's aufgetreten ist. Es sind mir, mit Ausnahme einzelner zu London gedruckter Zeitungsartikel, keine öffentlichen Aeußerungen über die deutschen Angelegenheiten aus diesem Kreise bekannt geworden.

Die mittlere Fraction muß die **streng republikanische** genannt werden. Diesem Kreise gehören die meist zu London gedruckten, durch Klarheit, politischen Verstand und untadelhaften deutschen Patriotismus ausgezeichneten Flugschriften von Karl Blind an. Dahin gehören: „**Ueber Staat und Nationalität**," Leipzig und London 1859, — „**Rußlands Herrschaftsplane und seine kaukasischen Kriege**," London 1860, — „**Die flämische Sprachbewegung in Belgien**," London 1860, — und andere. Alle beziehen sich auf die Tagesfragen in ihrer unmittelbaren Anwendung auf die deutschen Interessen.

Die Schrift über Staat und Nationalität, welche ursprünglich in Kolatschek's „Stimmen der Zeit" erschien, ist wohl das Klarste was über diesen Gegenstand jemals geschrieben worden ist. Obgleich Demokrat und entschiedenster Feind dynastischer Politik, hat doch Blind, so wenig wie Mazzini, sich durch den Nationalitätsschwindel einen Augenblick im einfachen und praktischen Urtheile des politischen Verstandes irre machen lassen. Ich will bei dem viel besprochenen Gegenstande hier nicht besonders verweilen, sondern nur noch darauf aufmerksam machen daß Blind, wie er zu verständig und auch zu charakterfest war, sich für die Agitation zu Gunsten des Nationalitätsstaates oder für die Mitarbeit an der „Zertrümmerung Oesterreichs" gewinnen zu lassen, auch ebensowenig sich durch die Lehre vom allgemeinen Stimmrechte, auf deren gefährliche Wichtigkeit soeben die „Allgemeine Zeitung" (No. 102) in einem Berliner Correspondenzartikel aufmerksam macht, hat Sand in die Augen streuen lassen. „Der demokratischen Partei," sagt er in der erwähnten Schrift, „ging es in diesen Dingen (der Lehre von der Begründung des Staates auf dem Principe der Nationalität) wie mit der allzu formalistischen Ausbildung der Lehre vom allgemeinen Stimmrechte. Die Freiheit ist nicht bloß formelles Recht der Stimmabgabe, ohne Rücksicht auf die Sache für die gestimmt wird. Die Freiheit hat einen Kern, einen Inhalt: sie ist gleichbedeutend mit menschlichem Fortschritte, mit Aufklärung, mit wahrer Gesittung, mit Entwickelung des Denkens, mit edlem Wollen. Erklärt sich auch ein Neuseeländer Stamm in vollzähliger Landesversammlung für die Schmackhaftigkeit des Menschenfleisches, so ist und bleibt der Act des Menschenfressens doch eine That des Cannibalismus und nicht der Freiheit. Gegen solche Unthaten gibt es ein höheres Recht als das der Mehrheit." — Aller Wahrscheinlichkeit nach ist auch der „offene Brief der Gesellschaft der Vaterlandsfreunde zu London an den Ausschuß des Vereins der deutschen Nationalpartei," welcher im vergangenen Jahre so viel in den deutschen Zeitungen besprochen wurde, von Karl Blind, jedenfalls nicht von Kinkel abgefaßt worden.

Die dritte Fraction, die vorgeschobene rechte Schulter der äußersten Linken der deutschen Bewegungspartei will ich die **imperialistischen Demokraten** oder die **kaiserlich-französisch-kleindeutschen Patrioten** nennen. Von diesen und ihren Werken einige Worte in meinem nächsten Briefe.

III.

Heidelberg, 23. April. Ich bin mit der Besprechung der deutschen Partei=Elemente und der sie kennzeichnenden Tagesschriften bis zum dritten Bestandtheile der radicalen Revolutionspartei — den **imperialistischen Demokraten** — gekommen, welche ich auch die **kaiserlich= französisch=kleindeutschen Patrioten** genannt habe. Sollte man in der einen wie in der anderen dieser beiden Bezeichnungen den Ernst vermissen welcher dem Gegenstande gebührt, so ist es nicht meine Schuld. Die Herren aus welchen diese Parteifraction besteht, haben es selbst niemals mit der Welt ernsthaft genommen, und ihre Schriften beweisen daß sie sich hierin treu geblieben sind. Innerhalb der Demokratie von 1848 suchten sie eine Aristokratie der Frivolität darzustellen und wußten damit den bescheideneren Capacitäten der Partei nicht wenig zu imponiren, was nicht nur ein humoristisches Unternehmen, sondern auch, und noch viel mehr, ein humoristischer Erfolg war. Nachher sind einige von ihnen unter dem Schirme des französischen Kaiserthums revolutionäre Banquiers geworden, was wieder von einer echt humoristischen Weltansicht zeugt. Einer dieser Banquiers ist der Verfasser des Schriftchens „Juchhe nach Italia!", welches im vorigen Sommer erschien und in Styl und Gehalt an die Wirthshauspolitik von 1848 erinnert. Dabei ist die kleine Broschüre voll sittlicher Entrüstung, was doch sicherlich, von dieser Seite kommend, einen bewunderungswürdigen Humor beurkundet. Eben so verhält es sich mit der Flugschrift „**Deutschlands Noth und Aerzte**," von B. Oppenheim. Aus der gleichen politischen Werkstätte hervorgegangen, ist mir ein Schriftchen: „**die Garantiefrage**," in die Hände gefallen, aus welchem ich mich einer einzigen bemerkenswerthen Stelle entsinne. Der Verfasser, „ein Unterthan Oesterreichs," nennt „Deutschland eine Nation ohne Staat — Oesterreich einen Staat ohne Nation." Das kann doch auch nur humoristisch gemeint sein.

Deutschland, welches aus so vielen Staaten besteht, soll ohne Staat, — Oesterreich, welches aus so vielen Nationen besteht, ohne Nation sein? — Thäte man also Oesterreich und Deutschland zusammen, so hätte man ein Land ohne Staat und Nation zugleich, eine der merkwürdigsten Erscheinungen der Weltgeschichte, die sich nur zufällig nicht bloß in den Vereinigten Staaten von Amerika, sondern auch im britischen Reiche wiederholt.

Der einzige ernsthafte Schriftsteller dieser Partei-Abtheilung scheint Carl Vogt zu sein, der ja in seinen „Studien zur gegenwärtigen Lage Europa's" die Verhältnisse einer gründlichen Prüfung unterworfen. Da kennt aber der geneigte Leser den Mann schlecht. Der Humor steckt hier in dem Bewußtsein, daß die Welt einfältig genug ist einen solchen Ernst ernsthaft aufzunehmen.

Nichtsdestoweniger hat die ganze Thätigkeit dieser Abtheilung unserer revolutionären Emigration auch für uns eine ernsthafte Seite. Nicht etwa daß ich hier eine Veranlassung zum moralisiren fände, sondern ich möchte die Gelegenheit nicht vorbeigehen lassen, die praktische Form in welcher sich uns die große Frage der Gegenwart darstellt, auf einen einfachen und scharfen Ausdruck zu bringen.

Die Verhältnisse liegen für Deutschland einfach so: Wie sehr sich auch unsere Conservativen in Verbindung mit den Conservativen anderer Länder dagegen sträuben mögen, — das europäische Staatensystem geht einer vollständigen Umgestaltung entgegen, bei der es sich für uns um die Regeneration oder den Untergang der deutschen Nation handelt. Die Nationen des europäischen Westens, welche zur Zeit der Blüthe des deutschen Reiches und der päpstlichen Macht ein mehr oder minder zusammenhängendes Ganze bildeten, sind im Verlaufe der neueren Zeit auseinandergefallen. Nun tritt das absolute Bedürfniß ihrer Wiedervereinigung im Geiste unserer Zeit mit täglich zunehmender Nöthigung auf, und es liegen zwei verschiedene Wege vor uns welche zur Befriedigung zu führen scheinen: der Weg des französischen Imperialismus, und der des deutschen Föderalismus. Unsere kaiserlich-französisch-kleindeutschen Patrioten in Paris und Genf, und wo sie sonst stecken mögen, empfehlen uns den ersten Weg, — wir dagegen geben dem zweiten den Vorzug. Das ist zwischen uns der Unterschied, — ein Unterschied freilich, der aus einer so tiefen Verschiedenheit des Geschmackes hervorgeht, daß von beiden Theilen jeder seines Weges gehen muß, und nichts wünschen kann als dem andern nicht zu begegnen.

Ich will hiermit meine Bemerkungen über die drei Unter-Abtheilungen der radicalen Revolutionspartei schließen und werde in meinem nächsten Briefe zunächst auf die **deutsche Nationalpartei** oder die **deutschen Centralisten** übergehen, deren linker Flügel sich in mehreren Beziehungen an die imperialistischen Demokraten anschließt.

IV.

Berlin, 5. Mai. Indem ich von der sogenannten deutschen Nationalpartei zu sprechen beginne, muß ich zuerst gegen die Anmaßung eines Namens Einsprache thun, auf welchen andere Leute gleich gute Ansprüche haben. Wenn freilich der „Grundsatz der Nationalität" im ethnographischen Sinne, d. h. der Grundsatz der Racenpolitik, das unterscheidende Merkmal der bezeichneten Partei sein soll, so ist dagegen nichts einzuwenden als daß sie sich die Nationalpartei und nicht die Nationalitätspartei nennt. Denn allerdings ist es der neu- wie der altgothaischen Partei eigenthümlich, daß sie die Nationalität in dem bezeichneten Sinne, welche für den Politiker sonst nur den Werth theils einer thatsächlichen Voraussetzung, theils einer thatsächlichen Folge des Staatslebens hat, zum Principe der Staatsbildung macht. Es ist dieß in der Schrift: „**Der Grundsatz der Nationalität und das europäische Staatssystem**" welche zwar einen sehr wenig politischen Verfasser zu haben scheint, aber dennoch als eine Darstellung politischer Doctrinen dieser Partei angesehen werden darf, in sehr bestimmter Weise geschehen. Nur ist damit streng genommen nicht eine politische Partei, sondern eine politische Schule oder Secte bezeichnet; denn politische Parteien bilden sich nicht nach Principien. Zum mindesten muß man sagen daß der Partei, wenn sie als solche gelten soll, noch immer das doctrinäre, professorenhafte Wesen anklebt, durch welches sie sich 1848 im Volke unbeliebt gemacht hat.

Die Begriffe von Nation und Nationalität sind im allgemeinen Sprachgebrauche zweideutig; im **politischen** Sprachgebrauche sind sie aber **politische** und nicht ethnographische oder naturhistorische Begriffe, und die vorzugsweise **politischen** Völker verstehen unter einer Nation immer nur ein **politisches** Wesen. Will man das Wort nach seiner Ableitung erklären, so ist für den Politiker die Nation ein **politisch gewordenes,** also nicht ein natürlich gewordenes Volksganze. Die Ethnographie hat es

mit Racen, Völkern und Stämmen zu thun, — Menschengruppen, die sich
den naturhistorischen Begriffen des Genus, der Species und der Varietät
unterordnen. Nur für die Politik gibt es N a t i o n e n. So wenigstens wird
der Ausdruck von allen den Völkern verstanden, deren politischer Verstand
außer Zweifel steht. So sprechen Engländer, Schottländer und Irländer
gemeinsam von der b r i t i s c h e n N a t i o n. — „the British nation". —
Aber es gibt für sie allerdings eine angelsächsische, eine gälische und eine
irische oder celtische R a c e. — So wird auch der Franzose einräumen daß
die Elsasser der Race oder dem Stamme nach Deutsche sind, niemals aber
wird er zugeben daß sie zur deutschen Nation gehören. Denn mit dem
nämlichen Rechte mit welchem die Basken in den französischen Pyrenäen
und die celtischen Bewohner der Niederbretagne zur „nation française" gehören, mit dem nämlichen Rechte gehören auch die Elsasser dazu. Wollen
wir die Elsasser wieder der d e u t s c h e n N a t i o n einverleiben, zu der sie
jetzt n i c h t mehr gehören, so müssen wir sie nach Deutschland verpflanzen
oder das Elsaß wieder für Deutschland erobern, was hoffentlich einmal
geschehen wird. Bis dahin aber machen wir uns nur lächerlich mit
unserem rein in der Luft schwebenden Nationalitätsprincipe. — So sagt
ferner der Bürger der Vereinigten Staaten daß er der „a m e r i k a n i -
s c h e n N a t i o n" angehört — „the American nation". — und mit Recht
empört sich sein Patriotismus dagegen daß eingewanderte Europäer,
auch nachdem sie Bürger der Union geworden, noch immer den Nationen
angehören wollen denen sie vor ihrer Auswanderung angehörten. Und
in der That zeigt ein solches Bestreben entweder den politischen Unverstand oder die politische Gewissenlosigkeit derer die es hegen. Wer in
einem f r e m d e n L a n d e als Glied der Nation fortleben will in der er
geboren ist, muß in dem fremden Lande auch e i n F r e m d e r b l e i b e n.
Bürgert er sich dagegen ein mit dem Gedanken in nationaler Beziehung
zu bleiben was er vorher war, so begeht er entweder eine unverständige
Handlung oder einen politischen Betrug. Wo das Bürgerrecht die politischen Rechte in vollem Sinne bedeutet, wie in der Schweiz, in England, in Amerika, — da bedeutet seine Erwerbung für den Ausländer
den Austritt aus der Nation der er bis dahin angehörte, und den
Eintritt in eine neue. Die britische Nationalität wurde früher als un-
verlierbar betrachtet — obschon auch dieß nicht im Sinne unserer Racen-
politiker; denn selbst ein auf britischem Schiffe geborenes Negerkind gehört

der britischen Nation an; — aber in neuerer Zeit versagt die britische Regierung mit Recht gebornen Briten welche anderwärts das Staatsbürgerrecht erworben haben, ihren weiteren Schutz.

Dieß ist der Sinn welchen der Politiker mit dem Worte „Nation" verbindet. National, im politischen Sinne, ist was den Interessen der Nation, also denen des Staates oder der Staatengruppe angehört oder entspricht, von deren Bevölkerung die Nation ausgemacht wird. National, mit einer kleinen Schattirung des Sinnes, ist so viel wie **patriotisch** Ein Partei also welche sich die deutsche Nationalpartei nennt, behauptet durch ihren Namen daß sie ein Recht habe den deutschen Patriotismus für sich als Unterscheidungsmerkmal in Anspruch zu nehmen. Und dieß ist es wogegen andere Menschen — Personen die nicht zu dieser Partei gehören — unter Umständen ein Recht haben Einsprache zu thun.

Will man der Partei von welcher hier die Rede ist einen Namen geben der ihr politisches Wesen scharf und richtig bezeichnet, so muß man sie die **deutsche Einheitspartei**, oder die **Partei der deutschen Centralisten** nennen. Daß sie zugleich die **preußische Partei** und die **kleindeutsche Partei** ist, kann nicht als ursprüngliches Wesen, sondern nur als Folge des ursprünglichen Wesens in seiner Beziehung auf die gegebenen Verhältnisse betrachtet werden. **Preußisch** ist die Partei, weil der centralistische Gedanke nur mit Hilfe der preußischen Staatsmacht ausführbar erscheint. **Kleindeutsch** ist die Partei, weil Centralisation eine Einschränkung und Verzichtleistung voraussetzt.

Ich würde im Folgenden gern den deutschen Namen „Einheitspartei" gebrauchen, wenn er nicht, namentlich mit Bezug auf seinen Gegensatz, wie man sehen wird, zweideutig wäre. Der Gegensatz der „**Einheitspartei**" ist die „**Bundespartei**"; aber eine „**deutsche Bundespartei**" könnte leicht als eine Partei des deutschen Bundes — wie er besteht — angesehen werden, und das wäre ein großer Irrthum. Zugleich haben auch viele deutsche Männer, die nicht zur Partei der deutschen Centralisten, nicht zur preußischen und nicht zur kleindeutschen Partei gehören, dennoch ebenfalls die deutsche Einheit im Sinne, nur in einer andern Form.

Den deutschen **Centralisten** stehen die deutschen **Föderalisten** gegenüber, womit der Parteigegensatz rein auf das politische Feld gebracht und anderen Nationen verständlich gemacht wird. Der gleiche Gegensatz besteht, mehr oder minder ausgeprägt, in jeder politisch bewegten Nation. Er besteht in den Vereinigten Staaten seit ihrem Beginne, wo die Centralisten die waren welche man im Anfange Föderalisten nannte, weil ihre Gegner die getrennte Unabhängigkeit der einzelnen Kolonien beabsichtigten, also in Wahrheit Separatisten waren. Gegenwärtig ist in den Vereinigten Staaten die centralistische Richtung in den „Whigs" oder „Republikanern," die föderalistische aber in den „Demokraten" vertreten, Benennungen, bei welchen man nicht an den Sinn denken muß den diese Ausdrücke in Europa haben. Allein abgesehen von den Namen, bestehen zwischen unsern deutschen und den nordamerikanischen Parteiverhältnissen Vergleichungspunkte welche sehr lehrreich werden können. Wie unsere Centralisten „kleindeutsch" und unsere Föderalisten „großdeutsch" sind, so ist die „demokratische" Partei der Vereinigten Staaten, — nach deren Glaubensbekenntnisse die Union nicht ein Bundesstaat sondern ein Staatenbund sein soll, — für Aufnahme fremder Volkselemente und für Anschluß neuer Gebietstheile, während die Partei welche sich jetzt in den Vereinigten Staaten die „republikanische" nennt, gegen das zu reichliche Einströmen fremder Einwanderer und gegen eine weitere Ausdehnung der Union ist. Die nordamerikanischen Föderalisten also sind **großamerikanisch**, die nordamerikanischen Centralisten **kleinamerikanisch** gesinnt, so daß sich ganz das deutsche Parteiverhältniß wiederholt, so sehr daß man sogar in den **Knownothings** der Vereinigten Staaten das Ebenbild unserer Gothaer erkennen muß.

V.

Heidelberg, 20. Mai. Wir müssen in der Partei unserer Centralisten einen **linken Flügel, eine Mitte** und einen **rechten Flügel** unterscheiden, zwischen denen natürlich vielfache Zwischenglieder vorhanden sind. Man muß indessen der Partei das für ihre Disciplin ehrenvolle Zeugniß geben, daß sie die Unterschiede der individuellen Anschauungen dem praktischen Hauptgedanken gegenüber zu übersehen und den individuellsten Unsinn unbemerkt zu lassen weiß.

Der **linke Flügel** besteht zum Theil aus Trümmern der deutschen Demokratie von 1848, welche sich den Alt=Gothaern angeschlossen und durch diesen Anschluß die neugothaische Partei hervorgebracht haben. In dieser Gruppe sind die eigentlich revolutionären Elemente der Partei enthalten, welche sich der preußischen Regierung für ihre Absichten bedienen zu können glaubt, welche aber, wenn dieß nicht gelingt, auch über diese Regierung hinwegzugehen versuchen wird. Zu den alten Demokraten sind gewisse Alt=Gothaer übergegangen welche unterdessen Demokraten geworden sind: Leute die wie Mohammet, zu dem Berge gehen, wenn der Berg nicht zu ihnen kommt, die aber, wie Mohammet, immerhin Propheten bleiben.

Unter den hierher gehörigen Flugschriften ist vor allen „**Preußen und die italienische Frage**" zu nennen, welche vier Auflagen erlebt hat, also als eine hervorstechende Erscheinung in dieser Literatur betrachtet werden muß. Ihr Verfasser ist Professor **Constantin Rößler** in Jena. Es ist vermuthet worden, daß eine neuere Schrift, deren ich schon Erwähnung gethan, „**der Grundsatz der Nationalität und das europäische Staatensystem**," den nämlichen Verfasser habe. Wie dieß auch sein mag, — beide Schriften, welche bei Julius Springer in Berlin erschienen sind, zeichnen sich durch einen vollständigen Mangel politischer Weltkenntniß und eine dem entsprechende Unschuld der Gedanken aus, welche dem besser Unterrichteten wahrhaft interessant wird. Die erste derselben hat durch die Voraussagungen der napoleonischen Operationen und durch die positive Sprache des Verfassers Aufsehen und sogar Verdacht erweckt. Beides mit Unrecht; denn wer die imperialistischen Broschüren studirt hatte, konnte alles Das sagen, und auf die vielfachste Weise hatte außerdem der Kaiser der Franzosen dafür gesorgt, daß seine edlen Absichten der Welt bekannt geworden waren. Was die Unschuld der Gedanken betrifft, so wollen wir dafür nur zwei Beispiele geben: 1) der Verfasser von „Preußen und die italienische Frage" glaubt wirklich, daß Oesterreich wegen der Unterdrückung der ungarischen Revolution Rußland Dank schuldig gewesen sei; er weiß also nicht, wie viel Rußland selbst dazu beigetragen, diese Revolution anzuschüren, — er weiß nicht, was verschiedene Personen der revolutionären Emigration so gut wissen wie die österreichische Regierung es weiß, und was man wissen muß, wenn man die Aeußerung des Fürsten Schwarzenberg: „die Welt soll erstaunen, wie vortrefflich wir uns auf den Undank verstehen" — in ihrem wahren Sinne auffassen will. Indem der Verfasser diese Aeußerung als Motto für seine Schrift gebraucht, trägt er die Unzulänglichkeit seiner Sachkenntniß auf dem Titelblatte zur Schau. 2) S. 33 kann man folgende Stelle lesen: „Wohl aber kann Rußland durch Begünstigung des französischen Unternehmens einen unschätzbaren Vortheil erlangen, eine vorläufige Hafenstellung im Mittelmeere. Ein unschätzbarer Vortheil, weil Rußland vorläufig im schwarzen Meere keine Kriegsschiffe halten kann, und weil das Wasser der russischen Häfen der Haltbarkeit der Schiffe so nachtheilig ist." Das sagt der Verfasser in voller Gemüthsruhe und schreibt in Deutschland zu Gunsten der italienischen Sache! — Mir fällt dabei jener deutsche Ritter zur Zeit Heinrichs des Seefahrers ein, der, als echte Landratte, sich mit großer Theilnahme für einen Seesturm interessirte und, um einen solchen mit anzusehen, eine der portugiesischen Entdeckungsfahrten mitmachte, bei welcher Gelegenheit er denn auch glücklich ersoffen ist.

Nach dem Frieden erschien bei G. Reimer in Berlin „Preußen und der Friede von Villafranca," eine Vertheidigung der preußischen Politik, welche den Professor Aegibi in Hamburg, der damals im preußischen Ministerium arbeitete, zum Verfasser hat. Wir wollen hier nicht auf den viel verhandelten Gegenstand eingehen. Es gibt eine ganze Literatur für und wider, die man genau studiren muß, wenn man im Einzelnen ganz urtheilsfähig sein will. Dem nämlichen Verfasser wird von

Einigen auch die später erschienene ausführlichere „**Geschichte der deutschen Politik unter dem Einflusse des italienischen Krieges**," Berlin, Weidmann'sche Buchhandlung, zugeschrieben, während von Anderen ein noch im preußischen Ministerium angestellter Mann genannt worden ist. Der Styl läßt nicht gerade auf einen Staatsmann schließen. So z. B. S. 105: „Das Staatenhaus mit der oben erwähnten famosen Stimmenvertheilung" — das klingt ein wenig nach Bier- oder Weinhauspolitik, oder es erinnert an die Sprache, die aus einer kleinen Universität stammt. Oder, Seite 104—105: „Welches Interesse hatten Baiern, Sachsen, Würtemberg ꝛc. an diesem polypenartigen Gewächs mit mehreren Seelen, an diesem Organismus ohne centrales Nerven- und Muskelsystem, an diesem Körper ohne den Halt eines festen, von Einem Centrum aus sich aufbauenden Knochengerüstes, kurz an dieser vastesten aller politischen Combinationen, dem Staatenbunde von 70 Millionen?" — Das ist weder der Gedankengang noch die Sprache eines Staatsmannes, sondern eines in der Politik dilettirenden schlechten Journalisten. Oder S. 70: „Erinnern wir uns der Thatsachen, die nach dem vorigen festgestellt sind: Preußen wollte kämpfen für den habsburgischen Besitz, aber nicht für sein (sic!) System." N. N. war bereit, das Haus seines Nachbarn beim Brande retten zu helfen, verlangte aber, daß dessen Dienstboten in Zukunft Zucker zum Kaffee bekommen sollten, widrigenfalls er entschlossen sei, es brennen zu lassen. — Doch das geht schon auf die Sache selbst ein, was hier nicht beabsichtigt wird.

In diese Gruppe muß auch das Schriftchen: „**Oesterreich keine deutsche Großmacht! auf Grund unumstößlicher Thatsachen erwiesen**," Berlin, Verlag von Ferdinand Riegel, gestellt werden. Der Verfasser hat die Entdeckung gemacht, daß in Oesterreich, in einer Gesammtbevölkerung von 39 bis 40 Mill., nur etwa 8 Mill. Deutsche sind, und daß es also ein Mißbrauch und gänzlich irrig sei, Oesterreich eine **deutsche Macht** zu nennen. Oesterreich ist vielmehr ein „aus den heterogensten Bestandtheilen zusammengewürfelter Staat," ein „durchaus einheitsloser Staat." Das hat man bisher nicht gewußt, und so ist es gekommen, daß man die irrige Bezeichnung angewandt hat. — Wie doch oft die Welt über die einfachste Sache so lange im Irrthume sein kann! — Da haben wir immer von den „britischen" Besitzungen in Indien gesprochen. Zählen wir aber die Leute, so finden wir unter mehr als hundert Millionen Hindus und anderen Asiaten eine kaum in Betracht kommende Anzahl von Engländern, so klein, daß sie unter jener Menge verschwinden wie ein Tropfen Wasser im Rheine. Und das untersteht man sich eine „britische" Kolonie zu nennen? Das ist ein Mißbrauch der Sprache, den nur die Unterdrücker der Menschheit in böser Absicht erfunden haben können. Der Name ist falsch; und weil der Name falsch ist, muß auch die Sache selbst abgeschafft werden. — — Das ist ungefähr die Logik, nach der das Verhältniß Oesterreichs zu Deutschland vom Gothaismus beurtheilt wird. Weil die österreichische Monarchie unter 40 Millionen Einwohnern nur 8 Millionen Deutsche zählt, kann sie keine deutsche Macht genannt werden, und weil sie keine genannt werden kann, soll sie auch keine sein dürfen. — — Sonderbar! Wenn Glieder einer Familie persönliches Eigenthum besitzen, der eine eine Million, der andere zwei Millionen, der dritte drei Millionen, setzt dieß nicht ein Familieneigenthum von sechs Millionen zusammen? — Da sind die Schweizer praktischer gewesen. Es hatten die kleinen Cantone für sich erobert, es hatte Bern für sich erobert ꝛc. Man hat die Eidgenossenschaft gebildet mit allen diesen Eroberungen, aus denen die neueren Cantone entsprungen sind.

Doch thun wir dem Verfasser des Schriftchens nicht allzuviel Ehre an, indem wir an seinen Narrheiten zu viele Worte verlieren. Wie es mit seinem Berufe zum politischen Schriftsteller steht, möge der Leser aus folgenden Stellen ersehen. Seite 4: „Preußen steht mit seinem Heere groß da und seine Bewaffnung ist die vollkommenste auf Erden, also sein Wort gestützt auf seine Kraft ein gewaltiges." — O du gewaltiges preußisches Wort, und o du gewaltiger preußischer Politikus! — Trotz diesem gewaltigen Worte aber und der vollkommensten Bewaffnung auf Erden ist der Verfasser doch nicht unempfänglich für die Weisheit, welche in dem bekannten „Hahnemann, geh' du voran, du hast die großen Stiefeln an!" liegt. Für den italienischen Krieg hatte er drei mögliche Fälle vorausgesetzt — den vierten, den, welcher wirklich eingetreten ist, natürlich nicht — und der erste von diesen Fällen war (Seite 27, 28):

„1) Frankreich und Oesterreich haben abwechselnd Vortheile und Nachtheile, ohne einen entscheidenden, vernichtenden Schlag führen zu können, und schwächen sich so, daß beide den Frieden wünschen. In diesem für uns glücklichsten Falle würde Deutschland, wenn es mittlerweile den Ausbau seines Staatsgebäudes wohl besorgt hat, hinzutreten, wie jener Mann, der auf dem Kampfplatze zweier Löwen nur ihre Wedel fand. Zwar würden die Wedel noch groß genug sein, allein Deutschland könnte mit seiner ungeschwächten, schreckengebietenden (!) Kraft beim Friedensschlusse eine entscheidende Stimme sprechen." Also abermals das gewaltige Wort, und von Seiten des Verfassers das große Maul. Welche Zustände in Deutschland, daß solche Faselhänse sich für Politiker halten können und daß es in Berlin einen Verleger gibt, der solches Zeug druckt und versendet!

Indem wir dieses schreiben, fällt uns, in zweiter Auflage, eine in anspruchsvollem Formate gedruckte Schrift: „Die Savoyer Frage, Denkschrift an Preußens Staatsmänner," Weimar, bei Hermann Böhlau, in die Hände. Die erste Auflage haben wir nicht gesehen; ob auch sie, wie die zweite, Senf nach dem Rindfleische war, wissen wir nicht. Merkwürdig aber ist die Einbildung eines deutschen Broschürenschreibers, mit seinen Rathschlägen in einer solchen Sache irgend eine Wirkung ausüben zu können, als ob das Zuspätkommen, selbst wenn man im deutschen Buchhandel zehnmal weniger langsam und langweilig wäre als man ist, sich nicht von selbst verstünde. Wie lächerlich ist es, die ausgezeichneten Reflexionen zu lesen über das, was geschehen könnte und geschehen sollte, nachdem alles vorüber ist. „Er (Louis Napoleon) streckt die Hand nach Savoyen aus" — wie schrecklich! — aber er hat sie ausgestreckt, und die Geschichte ist vor sich gegangen, ehe das gedruckte Wort der Hofbuchdruckerei in Weimar bis nach Heidelberg kam.

Wenn wir indessen diese Schrift der vorigen anreihen, so geschieht es, weil sie im Gebrauche „gewaltiger Worte" eine gewisse Aehnlichkeit mit ihr hat. „Preußen," sagt der Verfasser auf der ersten Seite, „Preußen, als eine europäische Großmacht, hat den Beruf, für das gefährdete Gleichgewicht Europa's aufzutreten." Das ist viel zu viel gesagt. Daß Preußen eine europäische Großmacht sei, ist die bekannte pentarchistische Fiction, welche anderen Gliedern der Pentarchie sehr bequem gewesen ist, weil Preußen, eine Großmacht vorstellend, in Wahrheit aber eine Kleinmacht darstellend, auf diese Weise bequem zu benutzen war. Seitdem die Unwahrheit der Pentarchie klar geworden, ist es auch mit der fingirten Großmachtstellung Preußens ein Ende, und es muß damit ein Ende sein, wenn jemals aus Deutschland etwas werden soll. Denn wenn Preußen eine Großmacht sein will, kann Deutschland keine Großmacht werden. Und wenn es Preußens Beruf wäre, für das gefährdete Gleichgewicht Europa's einzutreten, so weiß ich nicht, wenn es dann die Waffen hätte niederlegen können. Nicht nur gefährdet, nein, vernichtet ist das europäische Gleichgewicht, seitdem Louis Napoleon Kaiser der Franzosen ist, und schlecht genug war es damit auch schon vorher bestellt.

Im Uebrigen meint es der Verfasser gut, und der Weg, welchen er Preußen am Schlusse seiner Schrift vorzeichnet, wäre im vorigen Jahre der richtige gewesen und hätte zum Ziele geführt. Jetzt dürfte es zu spät sein, ihn zu betreten, obschon nicht geleugnet werden soll, daß, wenn die Mittel- und Kleinstaaten nicht mit einer unsere ganze Lage entscheidenden patriotischen That sich beeilen, die Noth der Zeit keinen anderen Ausweg offen lassen wird, als den, welchen der Verfasser bezeichnet, ohne jedoch, wie man glauben muß, die Gefahren zu würdigen, welche derselbe für die Existenz der Nation in sich schließt. Der Verfasser verlangt nichts Geringeres, als daß Preußen Frankreich den Krieg erkläre, am Bundestage peremptorisch die militärische und diplomatische Leitung der deutschen Nationalangelegenheiten und die Zusammenberufung eines deutschen Parlamentes beantragen, gleichzeitig aber mit einem Manifeste vor das deutsche Volk treten solle, um mit dessen Hilfe jeden Widerstand gegen seine Führerschaft zu brechen.

So etwas geht in einem Augenblicke, in welchem die Nationalexistenz bedroht ist oder bedroht zu sein scheint, und es geht nur, wenn der unmittelbare und vollständige Erfolg sicher ist. Es ist der Weg der Revolution, der, wenn die Absicht mißlingt, wie es für uns in diesem Augenblicke sicher ist, zum Bürgerkriege, zur fremden Besitznahme von Gebietstheilen, möglicherweise zum Untergange führt.

Vor allen Dingen steht diesem Wege ein Hinderniß entgegen, — das Hinderniß, daß die preußische Regierung ihn nicht betreten wird. Der gute Rath setzt nichts Geringeres als eine Revolution in Preußen selbst voraus.

VI.

Heidelberg, 23. Mai. Die mittlere Gruppe unserer Centralisten besteht aus den Doctrinärs altgothaischen Stils, deren Geist uns von 1848 und den nächst darauf folgenden Jahren her wohl bekannt ist. Dieser Geist hat sich im Wesentlichen nicht verändert. Niemand zweifelt an der Reinheit des Patriotismus und den mancherlei persönlichen Verdiensten der Männer welche dieser Schule angehören; aber schon der Umstand daß wir sie als Schule bezeichnen dürfen, ist bedenklich für ihre politischen Fähigkeiten. Diese letzteren sind ausschließlich auf zwei Formen der Wirksamkeit berechnet: auf die der Belehrung und die des Rechtsgutachtens. Es ist und bleibt der Professor und der Jurist welcher spricht, und fast niemals hören wir den Politiker.

Unter den Schriften, in welchen sich die Ansichten dieser Schule über die Tagesfragen aussprechen, sind vier Broschüren von Wilhelm Beseler hervorzuheben, sämmtlich im Verlage von S. Hirzel in Leipzig erschienen. Zuerst, noch während des italienischen Krieges: „**Das deutsche Interesse an der italienischen Frage.**" Darauf folgte, im August: „**Das deutsche Verfassungswerk nach dem Kriege**"; ferner, im Januar des gegenwärtigen Jahres: „**Ein Mahnruf an das deutsche Volk**" (in der schleswig-holsteinischen Sache), und im Februar: „**Zur östreichischen Frage.**"

Die erste Schrift sollte von der Theilnahme am Kriege abmahnen. Der Verfasser ging von der Ansicht aus, daß Louis Napoleon in uneigennütziger Weise die Freiheit und nationale Einheit Italiens wolle. Sollte sich dieß freilich als falsch erweisen, — dann — verlangte auch Wilhelm Beseler den Krieg. „Italien", sagt er, S. 40, „darf nicht den Herrn wechseln, der europäische Krieg wäre in einem solchen Falle eine gebotene Sache." — Nun, Italien hat freilich bis jetzt noch nicht vollständig den Herrn gewechselt. Nizza ist nur ein kleines Stückchen Land, und Savoyen

— die Savoyarden sprechen ja nicht italienisch, sondern provenzalisch. Sie sprechen die Mundart des Volkes im Canton Waad, im Unterwallis und in der Provence, die freilich der Pariser nicht versteht, die aber doch den Kaminfegern und Murmelthierjungen es leichter macht sich in Paris zu verständigen, als wenn sie Römer oder Florentiner wären. Aber auch in Piemont spricht das Volk nicht italienisch sondern provenzalisch, und die Bewohner der Thäler auf beiden Seiten der Penninischen Alpen sind die nämlichen Menschen. Daraus könnten von französischer Seite weitere bedenkliche Folgerungen gezogen werden, wenn nicht Louis Napoleon, der Nationalitäts-Schulfuchsereien längst müde, die ausdrücklich für die deutschen Professoren und Doctrinärs erfunden worden waren, offen das politische Bedürfniß als Richtschnur seiner Handlungen bekannt hätte. Wir wären begierig zu wissen, was Wilhelm Beseler verlangt, ehe er zu bekennen bereit ist daß Italien den Herrn gewechselt hat, und daß demgemäß nun auf allerhöchste gothaische Erlaubniß der allgemeine Krieg beginnen darf. Seine politische Weltanschauung ist so unschuldig, daß er den Wechsel, fürchte ich, nicht merken wird, bis in Neapel eine Muratistische Dynastie sitzt und Sicilien ich weiß nicht wem gehört, oder wie man sich sonst auf andere Weise vertragen mag. Lesen wir doch S. 21 der ersten Schrift: .... „oder existirte auch nur ein Vertrag zwischen Frankreich und Rußland von einem für die Selbstständigkeit der europäischen Staaten bedrohlichen Inhalte, dann wäre für Deutschland kein Augenblick zu verlieren, an der Seite Oesterreichs für die Freiheit Europa's ins Feld zu ziehen, selbst wenn England vor der Hand noch zögerte, aus seiner Neutralität herauszutreten."

Den Teufel spürt das Völkchen nie,
Und wenn er sie beim Kragen hätte.

An einer einzigen Stelle in den vier Schriften können wir den Verfasser auf einem eigentlich politischen Standpunkte entdecken. Es ist S. 19 der ersten Schrift, wo er, der doch zwischen Oesterreich und Italien für letzteres Partei nimmt, dennoch sich nicht zu bekennen scheut: „daß sich Oesterreich von Rechtswegen im Besitze der Lombardei und Venedigs befindet, wird Keiner in Abrede stellen." Er erklärt also daß es im italienischen Kriege auf die Rechtsfrage nicht ankam. Und in der That war die Angelegenheit eine Machtfrage, nur scheint der Verfasser nicht der Meinung gewesen zu sein, daß diese Machtfrage eine Frage deutscher Macht war und noch deutscher Macht ist. Demungeachtet nimmt er hier einen höheren Standpunkt ein als in seinem "Mahnrufe" in der schleswig-holsteinischen Sache, wo immer und ewig nur von dem "gebeugten Rechte" Schleswig-Holsteins die Rede ist, als ob sich die Welt um die bestehende oder nicht bestehende Realunion von Schleswig und Holstein drehte, und nicht vielmehr die Frage der Erbfolge der ganzen dänischen Monarchie mit Bezug auf die Aussichten der russischen Dynastie für Deutschland und für ganz Europa der einzige wichtige Gesichtspunkt wäre. Das erkennt aber Wilhelm Beseler keineswegs an; denn ausdrücklich erklärt er (S. 21 ff.), daß der Londoner Tractat vom 8. Mai 1852, welcher die Integrität der dänischen Monarchie zu erhalten sucht und die Zahl der möglichen Thronerben zu Gunsten Rußlands verringert, minder wichtig sei als das Patent vom 28. Januar desselben Jahres, welches die althergebrachte Realunion Holsteins mit Schleswig vernichtete. Die dänische Monarchie, hofft man, werde trotz dem Londoner Tractate in Stücken gehen, und wenn dann Deutschland sein Holstein an sich nehme, so werde das mit ihm durch Realunion verbundene Schleswig von selbst mit daran hängen bleiben. Deßhalb das Geschrei über die Rechtsbeugung. Aber während der Verfasser in Dänemark wie in Oesterreich in gleicher Weise Zertrümmerungs-Politik treibt, kommt ihm in der Lombardei auf den Rechtspunkt nichts, in Schleswig-Holstein auf den Rechtspunkt alles an. Diese Inconsequenz spräche für die politischen Fähigkeiten des Verfassers, wenn nur damit etwas auszurichten wäre. Aber nicht nur unsere deutschen Gothaer können in Bezug auf das österreichische Recht in Italien für sich anführen:

<blockquote>Es erben sich Gesetz und Rechte
Wie eine ew'ge Krankheit fort, u. s. w.</blockquote>

Auch Louis Napoleon hat den Faust gelesen; die ganze Welt hat ihn gelesen, und möchte heut zu Tage der "ewigen Krankheit" los sein.

Zwischen den Aeußerungen einer unglaublich unschuldigen politischen Weltansicht laufen in den Beseler'schen Flugschriften treffende und nützliche Bemerkungen hindurch. So wollen wir z. B. S. 16 der ersten Schrift anführen, wo der Verfasser sagt: "die Italiener und andere Fremde sind durchaus berechtigt, die deutsche Entwickelung als ein Produkt des deutschen Geistes zu betrachten, und es für leere Ausrede zu erklären, wenn wir die Schuld auf Metternich oder wohl gar auf Hassenpflug und andere

Dii minorum gentium zu wälzen suchen." Wenn aber die Fremden, wie Beseler sagt, „berechtigt" sind so zu urtheilen, so sind wir selbst verpflichtet, uns diese wichtige Wahrheit einzugestehen. Das Volk freilich verlangt immer einen Sündenbock, und in den kleinen Fürsten und ihren Ministern hält es sich eine ganze Heerde solcher Böcke, während Habsburg als ein Riesenbock, als Elephant dasteht, auf dessen Rücken die Sünden der Welt gepackt werden. Wenn diese Hekatombe geopfert wäre! nicht wahr! da wäre uns geholfen. — Wir stünden rein und fleckenlos da, und die deutsche Einheit wäre fertig! —

Die beiden Herzogthümer Coburg und Gotha stehen im Verhältnisse der Personalunion unter einem patriotischen Fürsten, welcher vor einiger Zeit sie zu einem Staate zu verschmelzen suchte. Gewiß war dies im Interesse der deutschen Nation, welche zwar keine französische Centralisation brauchen kann, bei einer Verminderung der Zahl kleinster Staaten aber nur zu gewinnen hat. Was thaten die Coburger und Gothaer (wir meinen hier die wirklichen, nicht die, welche in Heidelberg oder sonst wo in Deutschland wohnen)? Sie wollten nicht verschmolzen sein. Welcher tückische Streich des Schicksals, daß unter solchen Umständen die centralistische Partei Deutschlands die gothaische heißen, und daß der Nationalverein seinen Hauptsitz in Coburg haben muß! Seien wir doch ehrlich gegen uns selbst. Unstreitig tragen Fürsten und Minister einen Theil der allgemeinen Schuld der Nation, aber keinen größeren als nach einer billigen Repartition auf sie fällt. Aber man braucht einen Sündenbock, und findet ihn so bequem wie einen Tezel'schen Ablaßzettel. Man schlachtet ihn ab, wie man es mit Recht mit dem Herrn von Borries gethan, und steht nach diesem Reinigungsopfer fehlerlos da, wenn man auch bereit sein sollte, wie unser Verfasser, die deutsch-östreichischen Länder von der Vereinheitlichung Deutschlands auszuschließen und sie dem „nichtdeutschen" Oestreich, — also dem leibhaftigen Gottseibeiuns — zu überlassen.

Freilich, es ist wahr, dieß geschieht nicht ohne den laut ausgesprochenen geheimen Hintergedanken, daß dieses Oesterreich bald zu Grunde gehen werde. Der Verfasser beweist daß dieß unvermeidlich ist, und nirgends sagt er daß es ihm leid thue, was auch nicht verlangt werden kann. Und wie der welcher von einem Bankhause das Gerücht aussprengt daß es am Rande des Bankrotts stehe, wirklich am Sturze desselben mitarbeitet, so arbeitet auch der Verfasser mit an der Zertrümmerung Oesterreichs.

Wilhelm Beseler und Carl Vogt wirken mit einander für die gleiche Sache, und ohne Zweifel glauben beide ein gutes Werk zu thun; und daran, daß das geeinte Kleindeutschland die deutsch-österreichischen Länder unfehlbar später an sich ziehen werde, finden wir bei unserem Verfasser so wenig einen Zweifel, daß er sogar schon der Ueberlegenheit deutschen Einflusses in den Donauländern nach dem Untergange Oesterreichs sicher ist. „In einer solchen Stellung zu den Magyaren, durch einsichtsvolle Behandlung der Slaven und Rumänen, durch umsichtige Hervorhebung und Förderung von Interessen, welche diesen und den Deutschen auf den materiellen Gebieten gemeinsam sind, würde Deutschland getrosten Muthes den Wettkampf mit Rußland um den vorwiegenden Einfluß in den weiten Ländern zwischen der deutschen Grenze und den Donaumündungen aufnehmen können." Man sieht, die Politik des Verfassers sinkt hier zur gewöhnlichen Kannegießerei herab.

Ein gothaischer Freund, der mir wahrscheinlich eine Liebhaberei an gewaltthätiger Politik und an Herrschaft unserer Nation über andere Völker zuschreibt, worin er in so fern Recht hat, als ich viel lieber Hammer als Amboß sein will, — dieser Freund suchte mich dieser Tage für seine Anschauungsweise zu gewinnen, indem er mir erklärte, wie wir, wenn nur erst einmal die Habsburgische Herrschaft gebrochen und Deutschland unter Preußens Scepter geeinigt sei, alle außerdeutschen Besitzungen Oesterreichs, und noch viele andere dazu, auf das allerleichteste erobern könnten. Der Gedanke hat etwas Verführerisches. Vielleicht denken unsere heimlichen Rheinbündler, wenn es solche geben sollte, auch daran, durch einen vorübergehenden Verrath an der Nation den Weg zum Wiedererwerbe von Elsaß und Lothringen, Holland und Belgien, Schweiz und Savoyen (hat auch einmal zum Reiche gehört) zu bahnen. Wer kann behaupten, daß es nicht so sei? Wenn ein Verrath, und dabei zugleich eine Dummheit, im Osten so wünschenswerthe Folgen haben kann, weßhalb nicht auch im Westen? Jedenfalls liegt die Möglichkeit die eben genannten Länder auf dem Wege der Bundesgenossenschaft einer **westdeutschen Union** anzuschließen, die mit Preußen und Oesterreich als drittes Glied die sogenannte Trias darstellen würde — einen Kern, um den sich Europa nach langer Verwirrung wieder ordnen könnte — viel näher als die Eroberung der Donauländer, oder auch nur das Ueberwiegen des deutschen Einflusses in denselben, nach der Vernichtung Oesterreichs. Einer Vernichtung Oesterreichs würde un-

mittelbar die Erklärung folgen, daß auch der größte Theil der deutsch-
österreichischen Länder slavisches Land sei. Und nicht nur Leipzig und Dres-
den sind ursprünglich slavische Städte und slavische Namen. Slavisches
Volk und slavische Namen reichen bis an den Fuß des thüringer Waldes,
wo Leutnitz, Göliz, Groschwitz und ähnliche Ortschaften liegen, und auch
Berlin ist ursprünglich slavisch, und Brandenburg gar kein deutsches Wort,
sondern nur aus Brannibor ins deutsche umgestaltet. Glaubt man,
diese obscuren Thatsachen seien den Russen auf der einen und den Tschechen
und Südslaven auf der anderen Seite nicht eben so gut bekannt wie uns?
Nicht nur Oesterreich, sondern auch Preußen und das jetzige Sachsen
(Meißen) waren deutsche Marken in slavischem Lande. Die Zertrümmerung
Oesterreichs wäre der Anfang unseres Rückzuges aus diesen Marken, —
eines Rückzuges, der nicht bei Oesterreich stehen bleiben würde. Haben
mir nicht Tschechische Mitglieder des Wiener Reichstages 1848 erklärt,
sächsische Abgeordnete gehörten so wenig wie böhmische in das Frankfurter
Parlament, weil Sachsen slavisches Gebiet sei? Und waren das etwa
Schwätzer? Nein, es waren Männer deren Namen in den slavischen
Völkern vom ersten Range sind.

In Bezug auf die Zertrümmerung Oesterreichs spricht sich Wilhelm
Beseler freilich sehr gemäßigt aus. „Es ist tief zu beklagen" — lesen wir
S. 61 der Schrift „das deutsche Verfassungswerk" — daß das Heldenland
der Hofer und Speckbacher, und die anderen deutschen Länder (Oesterreichs)
mit ihren von der Natur reich ausgestatteten und der schönsten Entwickelung
harrenden Bevölkerungen zur Zeit einem deutschen Staate nicht angehören können." .... Aber, fährt der Verfasser fort, haben die Deutsch-
Oesterreicher ein Interesse, unsere nationale Wiedergeburt, an der sie „zur
Zeit" nicht theilnehmen können, zu verhindern? „Sie werden dadurch
um nichts ärmer, aber um eine große Hoffnung reicher, daß nämlich ein
höherer und stärkerer deutscher Geist, trotz der Schranken, welche man
gegen uns errichtet (wer errichtet sie?), auch sie anwehen und erheben,
daß der Tag kommen wird, an welchem jene Schranken fallen. Darnach
ist dann zu ermessen, daß es nur eine Phrase ist, wenn man den Ver-
tretern des deutschen Staats vorwirft, sie wollten die Oesterreicher aus
Deutschland vertreiben." — Diese Stelle zeigt, daß Wilhelm Beseler zwar
einen entfernten Versuch macht, ein Sophist zu sein, daß er aber ein viel
zu ehrlicher Mann ist, als daß ihm dieß gelingen könnte. Darum hätte

er lieber seiner Natur treu sein, und gerade heraussagen sollen was er denkt: leider können wir die österreichisch-deutschen Länder für den Augenblick noch nicht mit in unseren Centralisationsplan einschließen, allein wir hoffen mit Oesterreich wird es nicht mehr lange dauern, und dann fallen uns diese Länder von selbst zu. Thun wir unterdessen was wir können, einen solchen Erfolg zu beschleunigen. — Das wäre ehrlich gesprochen gewesen, denn so denkt der Verfasser. Wenn er es aber für unklug gehalten haben sollte den Gedanken offen auszusprechen, dann durfte er auch nicht sagen was er gesagt hat; denn wenn auch nicht alle Menschen so klug sind wie er, so sind doch wenige so dumm, daß der zehnte Theil von dem was er gesagt hat, nicht genügt hätte seinen Hintergedanken zu verrathen. Seite 62 der Schrift, "Das deutsche Verfassungswerk", sagt er: "Wenn Deutschland gegen irgend einen Staat sich zur Vorsicht berufen fühlen muß, so ist es gegen Oesterreich." Der Gothaismus identificirt sich hier schon ganz mit Deutschland, denn freilich wird Oesterreich den Satz umkehren und sagen: "Wenn Oesterreich gegen irgend Jemand sich zur Vorsicht berufen fühlen muß, so ist es gegen die Herren Gothaer."

Die Gefahr indessen beruht nicht in den Gothaern selbst, sondern in dem Umstande daß die deutsche Demokratie theilweise sich hat täuschen und zu einer Verbindung mit den gothaischen Doctrinärs verleiten lassen.

In der Ausführung des "deutschen Verfassungswerkes" geht unser Verfasser sehr gemäßigt zu Werke. Die einzelnen deutschen Staaten werden sehr schonend behandelt, und aus guten Gründen. Denn Seite 27 der Schrift „zur österreichischen Frage" lesen wir das Bekenntniß: „wenn Preußen den Sondersouveränitäten drohender als jemals erscheint, so müssen wir uns auf das Schauspiel gefaßt machen, daß man im Gefühle, sich nicht selber schützen zu können, an fremde Hülfe denkt" — und S. 25: „Aber wenn wir unbefangen die Dinge betrachten, könnten wir über eine solche Neigung der kleinen deutschen Staaten nicht in Erstaunen gerathen." Mehr hat doch eigentlich der Herr von Borries auch nicht gesagt. Deßhalb sagt also der Verfasser tröstend, die einzelnen deutschen Staaten sollen bestehen bleiben, „nur sollen sie bestimmte Ausflüsse der Souveränetät im Interesse des Ganzen aufgeben. Sie würden die bewaffnete Macht und die auswärtige Vertretung, das Zoll-, Handels- und Schiffahrtswesen verlieren. Die ganze innere Verwaltung, jedoch mit obigen Ausnahmen, würde ihnen verbleiben." Dieß wäre das nordamerikanische Föderativsystem mit erblicher Präsidentur und erblichen Gouverneuren der Einzelstaaten, — eine Bildung, wie wir sie uns ungefähr für die westdeutsche Union der deutschen Dreiherrscher denken würden. Aber während eine solche Bildung für diesen letzten Gedanken möglich ist, ist sie unmöglich für die Union mit Preußen, weil hier die besondere preußische Großmachtsstellung keine Beseitigung alles Mißtrauens von Seite der Mittel= und Kleinstaaten zuläßt, und es in der Natur der Sache liegt daß das Verhältniß nur ein vorübergehendes wäre. In der Dreiherrschaft aber wären Preußen und Oesterreich die Sicherheit für die Dauer der Bundesgenossenschaft unter den Gliedern der westdeutschen Union, und wie Oesterreich schon jetzt erkennt daß seine Interessen in einer solchen Bildung zu ihrem Rechte kommen, so würde auch Preußen zu einer gleichen Einsicht kommen, sobald die fixe Idee des Gothaismus nur einmal überwunden wäre. Und Beseler fühlt auch daß Niemand die milde Form seines Vorschlages als etwas anderes, denn eine Ebenung des Weges für den Uebergang erkennen wird. Das nordamerikanische System ist nicht sein Ziel, das spricht er selbst geradezu aus.

Menschen von verschiedenem Grundcharakter und verschiedenen Grundansichten werden aus den gleichen Thatsachen entgegengesetzte Schlüsse ziehen. Als ich jüngst im Gespräche mit dem schon erwähnten gothaischen Freunde eben den Mund aufthat um zu sagen: „die Thatsachen müssen Sie doch seitdem belehrt haben!" — kam er mir zuvor und rief: „jede Thatsache die seitdem zu Tage gekommen, muß Ihnen doch zeigen daß wir Recht gehabt haben!" — So findet auch Wilhelm Beseler in seiner zweiten Schrift, daß die Ansichten seiner ersten seitdem durch die Thatsachen — freilich die Thatsachen durch die Brille der von mir schon erwähnten Broschüre Aegidi's gesehen — vollkommen gerechtfertigt worden seien.

Wir sehen, wie wenig wir hoffen dürfen einander gegenseitig zu bekehren. Die Hoffnungen der deutschen Nation beruhen daher auch nur auf **übermächtigen Thatsachen**, vor denen die Rechthaberei verstummen wird. Dann wird es für den Freund des Vaterlandes keine Wahl geben wohin er sich zu stellen hat. Unser gegenwärtiger Streit dreht sich nur um die Voraussicht, welcher Art diese **übermächtigen Thatsachen** sein werden.

VII.

Heidelberg, den 24. Mai. Mit dem rechten Flügel der deutschen Centralisten betreten wir in dieser Uebersicht zum ersten Male den Boden der eigentlichen Politik. In den hierher gehörigen Schriften wird weder die Zerstörung Oesterreichs noch die deutsche Einheit auf den Trümmern aller bestehenden Verhältnisse gefordert, — weder das Racenprincip als neues Evangelium verkündet noch die Naivetät der politischen Unschuld für die wahre Weisheit ausgegeben. Hier haben wir es nicht mehr mit Idealisten und nicht mehr mit Doctrinärs zu thun, sondern mit Politikern, welche hinreichende Weltkenntniß besitzen um ihre patriotischen Bestrebungen innerhalb der Grenzen der Thatsachen zu halten, oder, in anderen Beziehungen, den Thatsachen gemäß umfassend zu machen. Wie die in diese Gruppe gehörigen Schriften auch die Lösung der deutschen und europäischen Verhältnisse fassen mögen, es ist auf dem Boden der vorhandenen Thatsachen und mit den gegebenen Kräften und Interessen, deren Machtverhältniß objectiv in Rechnung gebracht wird.

Als eine treffliche, vielfach belehrende, an den besten Bemerkungen reiche Schrift wollen wir hier zuerst „**Oesterreich und Napoleon III. im Streit um Italien**," von **Schmidt-Weißenfels**, Prag, bei Kober und Markgraf, anführen. Der Verfasser ist zu sehr ehrenvoll bekannt als daß für irgend einen Leser aus dem österreichischen Verlagsorte ein Verdacht parteilicher Auffassung hervorgehen könnte. Bin ich nicht falsch unterrichtet, so ist der Verfasser jetzt sogar Mitglied des Nationalvereins. Und in der That ist derselbe ein entschiedener Anhänger der kleindeutschen Einheit und der Absonderung Oesterreichs. Das außerösterreichische Deutschland unter Preußen geeint und mit Oesterreich im Bunde: — diese **Dyas** ist das System zu welchem er sich bekennt. Es ist der ursprüngliche kleindeutsche Gedanke, wie ihn Gagern und seine Freunde gefaßt hatten, und so wenig ich diesen Gedanken für den besten halte, so ist er doch verständig, und in politischem Geiste gedacht, ohne den Hintergedanken der spätern Zertrümmerung Oesterreichs, oder der Losreißung seiner deutschen Länder. Der Verfasser ist vielmehr nicht nur von der Nothwendigkeit der Existenz Oesterreichs, sondern auch von der Nothwendigkeit seines Besitzes der deutschen Länder in Verbindung mit den anderen Bestandtheilen der Monarchie durchdrungen. In Oesterreich selbst, sagt er, muß das deutsche Element hinreichend stark bleiben im Verhältniß zu den anderen Nationalelementen, um die Rohheit der Mehrzahl dieser letzteren niederzuhalten. Deßhalb ist er auch gegen die Ausdehnung Oesterreichs nach Osten, und ihm gilt, wenn nicht die Herrschaft über Italien, so doch wenigstens der überwiegende Einfluß in Italien, als das natürliche Ziel österreichischer Politik auch für die Zukunft. Ganz mit Recht. Italien ist für Oesterreich ganz genau was Dänemark für Preußen, und die Lombardei und Venedig entsprechen Schleswig und Holstein. Im Süden ist es das französische Interesse im Vereine mit dem russischen, im Norden das russische im Vereine mit dem französischen, was dem deutschen entgegentritt.

Mit den Sentimentalitäten und fixen Ideen des Nationalitätsprincips hat es der Verfasser freilich nicht zu thun. „Ein jeder große Staat," sagt er Seite 57, „bedarf eines Objects, welches der Zielpunkt seiner politischen Machtvergrößerung sein kann; er bedarf dessen um zu leben, um Bewegung zu haben, einen Zweck seiner Größe und Macht vor sich zu sehen. Es ist richtig daß ein Staat sich mit seinem Innern unaufhörlich beschäftigen und in dieser Hinsicht niemals zu viel thun kann; aber gerade zur Verbesserung der eigenen Verhältnisse bedarf er auch einer nach außen hin präponderirenden Politik, und ihr nützlicher oder dem Stammstaate schädlicher Charakter geht nur daraus hervor, ob das zu erobernde Object für das Wohl des Staates nothwendig oder nur das Ziel persönlicher Herrschergelüste ist. In diesem Zwecke der großen Staaten sich mächtig zu erhalten, oder in dem Ehrgeize mittlerer Staaten durch Eroberung sich emporzuschwingen, liegen die Ursachen aller Kriege. Sie werden daher auch nicht aufhören die Menschen zu bewegen. Sie sind nothwendig, wie die Stürme, welche die Luft reinigen" u. s. w.

„So liegt es in der Natur der Dinge, daß ein jeder Großstaat ein meist nachbarlich gelegenes Land, dessen Größe oder moralische Macht der seinigen nachsteht, zum Gegenstande seines politischen Interesses hat. Er sucht in demselben seinen Einfluß zu behaupten und zu erhöhen, sodaß er darin herrscht ohne es zu besitzen; oder er trachtet danach es allmählig oder mit einem Male zu erobern."

Das ist politisch gedacht! — Italien, urtheilt dann der Verfasser weiter, ist der natürliche Schwerpunkt der nach außen gerichteten Politik Oesterreichs, und weil es der natürliche Schwerpunkt ist, muß es dieser Schwerpunkt bleiben. Das war vor dem Frieden von Villafranca geschrieben. Hatte der Verfasser damals Recht, so hat er noch immer Recht. Seine Bemerkung aber, daß Oesterreich Unrecht thun würde seinen Blick der Donau hinab zu lenken, ist nur richtig unter der Voraussetzung der völligen Absonderung von Deutschland, die er befürwortet. Man setze die Trias an die Stelle der Dyas, — d. h. die deutsche Dreiherrschaft mit Oesterreich an die Stelle der Centralisation Deutschlands ohne Oesterreich, und die Sache erscheint sogleich anders, anders nämlich in voller Uebereinstimmung mit den wirklichen Anforderungen einer rasch herannahenden Zeit. Hier geht unser eigener Weg von dem des Verfassers ab. Er hat Recht daß Oesterreich etwas für sich sein muß, und als ein besonderer politischer Körper, ohne seine deutschen Länder an Deutschland abzugeben, fortbestehen muß. Sollte aber unter dieser Voraussetzung das übrige Deutschland centralisirt werden, so würde auf der einen Seite das Bestreben die deutsch-österreichischen Länder mit herüberzuziehen, auf der anderen aber das, einen Theil der Mittel- und Kleinstaaten für Oesterreich zu gewinnen, unmöglich zurückgedrängt werden können, und der Versuch einer Theilung der Mittel- und Kleinstaaten zwischen Oesterreich und Preußen würde, mit dem Bürgerkriege als seinem Gefolge, unvermeidlich sein. Gelänge es, so wäre der Erfolg finis Germaniæ, — gelänge es nicht, so wäre die Dreitheilung, also die Trias, immer der einzige denkbar günstige Ausgang, und zu diesem Ziele könnte man wohlfeiler kommen.

Ueber die Geschichte der sogenannten italienischen Frage wird der Leser in der hier besprochenen Schrift eine zusammengebrängte klare Belehrung finden. Besonders ist den gedankenlosen Nachschwätzern des Geredes über österreichische Mißregierung in Italien der zweite Abschnitt: „Die Lombardei unter Oesterreichs Herrschaft" zu empfehlen. Freilich haben vorurtheilsfreie und unterrichtete Leute das alles gewußt; aber der Verfasser ist ein unparteiischer Mann, dessen Urtheilsfähigkeit und Liberalismus in Deutschland außer Zweifel sind. Wir wollen hier nur als Beispiel eine Stelle anführen:

„Was im übrigen Italien eine Chimäre ist, nützliche öffentliche Anstalten für Credit, Landescultur, Municipalverfassung und Verwaltung, sie sind (wurde vor dem Verluste der Lombardei geschrieben) dem lombardischen Lande durch Oesterreich gegeben worden. Das Gesetz hat hier sich Achtung und Ansehen verschafft, die Abgaben sind geordnet und gerecht vertheilt, und erst neuerdings wieder in einzelnen Mißständen untersucht worden. Nirgends in Italien existirt eine Justiz, welche sich mit der im Lombardisch-Benetianischen messen dürfte; ebenso ist es mit den Zuständen des öffentlichen Unterrichts. Sardinien, der Musterstaat, hat eine männliche Jugend, die zur Hälfte weder lesen noch schreiben kann. Oesterreich mußte den Klerus beim Volksunterrichte zu verwerthen. Während man im übrigen Italien keinen Schulzwang kennt, führte ihn Oesterreich in der Lombardei ein" u. s. w., u. s. w. — So urtheilt Schmidt-Weißenfels. Seine Schrift, obgleich die Lombardei für jetzt verloren ist, und das im vorigen Jahre geschehene überhaupt nicht ungeschehen gemacht werden kann, verdient noch heute aufmerksam gelesen zu werden von allen, die über das, was weiter kommen wird, sich eine vorurtheilsfreie Meinung bilden wollen.

Wir haben in dieser Gruppe eine zweite vereinzelt dastehende Schrift zu erwähnen, welche mit der vorigen das letzte politische Ziel, die Centralisation Deutschlands unter Preußen mit Ausschluß Oesterreichs, auch seiner deutschen Länder, gemein hat. Wir meinen: „Der deutsche Bund, oder: Ob Gotha, ob Bamberg?" — Wie dieser Titel zeigt, ist diese Schrift gegen die Trias gerichtet. Aber sie faßt, wie die vorhergehende, den kleindeutschen Gedanken auf eine ganz verständige Weise, was man, auf den ersten Anlauf, nach dem schwülstigen, oft predigtartigen Style nicht erwarten sollte. Der Unterschied von der vorhergehenden Schrift liegt hauptsächlich darin, daß, nach Schmidt-Weißenfels, das von Kleindeutschland getrennte Oesterreich das Object seiner auswärtigen Politik dauernd in Italien, nach dem Verfasser der hier vorliegenden Broschüre aber in den Donauländern suchen soll. Aber ohne sich auf eine innige Verbindung mit Deutschland stützen zu können, was nur unter der Voraussetzung einer deutschen Dreiherrschaft möglich ist, fehlt Oesterreich die Basis für die eine wie für die andere Richtung seiner politischen Kraftübung. Den Mangel dieser Einsicht abgerechnet, stimmen wir innerhalb gewisser Grenzen der ersten und zweiten Schrift zugleich bei. Wie Preußen nicht nur in Dänemark sondern auch in Polen und den Ostseeprovinzen das natürliche weitere Object für seine Kraftäußerung hat, so Oesterreich nicht nur in Italien, sondern auch an der Donau. Aber weder der eine noch der andere Beruf ist ohne Zusammengehen Preußens und Oesterreichs, und beider mit einer westdeutschen Union möglich. Läßt man der Phantasie soweit den Zügel schießen, daß man in Oesterreich ein oströmisches Reich neuer Zeit sieht, so möge man nur auch gleich erkennen, daß dann, wenn wir nicht vorher den Gedanken der Trias verwirklicht haben, nicht Deutschland, sondern Frankreich das weströmische Reich neuer Zeit darstellen würde. Um diese Alternative dreht sich die Frage „ob Gotha ob Bamberg," welche auf den Titel dieser Schrift gestellt ist.

Einige Stellen werden im Uebrigen die Anschauungsweise des Verfassers zeigen.

„Daß Oesterreich stark sei, ist eine politisch-nationale Nothwendigkeit für Deutschland, eine politische Nothwendigkeit für Europa." Damit aber Oesterreich stark sei, muß es den Conservatismus im liberalen Sinne, als den natürlichen Entwickelungsproceß begreifen lernen. „Es gibt einen Conservatismus des Stillstandes und Verfalles, und einen Conservatismus des Fortschrittes und der Erhebung." Eine aufgeklärte innere Politik ist die erste unerläßliche Vorbedingung für Oesterreich, damit es sich geschickt mache, seinen Beruf zu erfüllen. „Die zweite unerläßliche Bedingung ist die, daß es seine Action centralisire innerhalb seiner selbst. Das heißt mit andern Worten die Trennung von Deutschland. Die Trennung und die Wiedervereinigung." — So sagt der Verfasser. Es ist der bekannte Gedanke der Dyas.

In Bezug auf die Völkerbestandtheile Oesterreichs sagt der Verfasser: „Oesterreich wurde ein territorial einheitliches, zusammenhängendes, compactes, centralisirtes Völkersystem, und zwar ein System, das nicht nach Westen, sondern nach Osten gravitirt; nach Osten hin jeder Erweiterung fähig. Fähig und berufen dazu. Früher oder später. Mag es noch Jahrzehnde dauern, ehe die christlichen Nachbarländer der türkischen Herrschaft ganz sich entziehen: sollen sie aber dann nicht russisch werden, so können sie nur österreichisch werden." S. 156.

Ehe wir zu andern Schriften dieser Gruppe fortschreiten, sei noch bemerkt, daß die soeben besprochene „vom Verfasser des europäischen

Gleichgewichts der Zukunft" und bei Julius Springer in Berlin erschienen ist. Der Name des Verfassers ist mir unbekannt, ich weiß aber, daß er ein Preuße ist, der sich der Politik als Beruf zu widmen sucht. Dem Style nach möchte man freilich eher auf den Gedanken kommen, ihn für einen Mann der Kirche zu halten. Die Salbung, mit der er schreibt, ist seiner an sich klar gedachten Sache nicht förderlich. In einfacherer und weniger pathetischer Sprache hätte sich der Inhalt der Schrift, welche 171 Seiten groß Octav umfaßt, auf dem dritten Theile des Raumes geben lassen, was ein Gewinn gewesen wäre.

Unsere weitere Betrachtung führt uns nun auf eine engere Gruppe von Flugschriften, welchen ein bis zu einem regierenden deutschen Fürsten gehender Ursprung zugeschrieben wird. Ich meine die Broschüren Fischel's, denen ich einige andere anschließe. Das Thema dieser Schriften ist das Einverständniß von Rußland und Frankreich und die Mitschuld des gegenwärtigen britischen Ministeriums, und das Ziel, auf welches in Deutschland hingearbeitet wird, kann, obschon es nirgends bestimmt ausgesprochen, kein anderes sein, als die Bildung einer kleindeutschen Centralregierung mit einem Offensiv- und Defensivbündniß zwischen Deutschland und Oesterreich. Die Initiative zur Herstellung einer kleindeutschen Centralgewalt wird hier ebenfalls Preußen eingeräumt, aber es wird in einer besondern Schrift gezeigt, daß alles, was man von Preußen erwartet, bis jetzt, selbst in der liberalen Ausbildung des preußischen Staatswesens selbst, nur in der Erwartung besteht.

Zuerst erschien das Schriftchen „Die Despoten als Revolutionäre," bei Ferdinand Schneider in Berlin, und wurde für 1 Silbergroschen verkauft. Nicht nur in Deutschland verbreitete sich das Gerücht, daß der Verfasser der regierende Herzog von Coburg sei, ein Fürst, von dessen Patriotismus, Weltkenntniß und politischer Bildung man eine solche publicistische Betheiligung an den öffentlichen Angelegenheiten leicht erwarten konnte. In England erschien eine Uebersetzung mit Angabe des Herzogs als des Verfassers. Unter der Bezeichnung: „the Duke of Coburg's pamphlet" ist das Schriftchen in der englischen Presse vielfach besprochen worden. Später hat man gehört, der Verfasser sei Dr. Fischel. Dieser nämlich scheint die Ideen des Herzogs zu Papier gebracht oder die Vertretung der Schrift übernommen zu haben.

Auf wenigen Blättern enthält diese in einer frischen, kraftvollen Sprache, dem Verständnisse des ganzen Volkes zugänglich, die Wahrheit über die große Politik, die uns drohenden Gefahren und über die Schulfuchsereien, mit denen unsere Doctrinärs den Uebergang vom Gerede zur That abermals zu vereiteln gewußt haben. Noch heute ist das Schriftchen allen denen zu empfehlen, welche es noch nicht gelesen haben, denn nirgends ist ein so zusammengedrängter Unterricht in der Politik außerdem zu finden.

Die gleichen Gedanken, in etwas anderer Weise ausgeführt, finden wir in einer ungefähr gleichzeitig erschienenen Flugschrift unter dem Titel „**Brennuszug und Moskowiterthum.**" Sie hat einen andern Verleger (Adolf u. Co. in Berlin), ist aber, und mit Bestimmtheit, ebenfalls Fischel zugeschrieben worden, welcher seitdem eine merkwürdige, auffallend planmäßige, von einer großen Uebersicht der Verhältnisse ausgehende publicistische Thätigkeit entwickelt hat.

Zunächst, noch im vorigen Jahre, kam „**Preußens Aufgabe in Deutschland. Rechtsstaat wider Revolution. Vom Verfasser der Despoten als Revolutionäre.**" Der wesentliche Gedanke dieser sehr lehrreichen Schrift ist der, daß Preußen zwar berufen ist, Deutschland zu Macht und Einheit zu führen, daß dieß aber nicht auf gewaltsamem, das bestehende Bundesrecht brechendem Wege geschehen darf, und daß im Uebrigen Preußen sich selbst erst des hohen Berufes würdig und fähig machen müsse, was es noch keinesweges sei. Dieser letztere Satz, durch alle einzelnen Gebiete des Staatslebens durchgeführt, läßt in seinen einzelnen Beweisführungen zuweilen einen Zweifel, ob sich unter dem Scheine der Beförderung preußischer Hegomonie nicht das Gegentheil birgt. Das mag indessen bloßer Schein sein, obschon der Verfasser nicht ohne Ironie für Preußen geschrieben haben kann; denn in fast allen Beziehungen zeigt er, daß zu den von den leidenschaftlichen Anhängern der preußischen Hegemonie erhobenen Prätensionen für jetzt noch keine Begründung außer die des guten Willens der jetzigen Regierung zu finden ist, für deren ewige Dauer es doch keine Sicherheit gibt.

Im laufenden Jahre erschien sodann „**Der Entlarvte Palmerston. Vom Verfasser der Despoten als Revolutionäre.**" Diese Broschüre, wie die vorige und die folgende, im Verlage der Haude- und Spener'schen Buchhandlung in Berlin. Die hier angeführte Schrift wäre für Deutschland wichtiger als eine andere, wenn von der großen Mehrheit des Publikums nicht die eine Hälfte zu dumm, die andere zu klug wäre, den Inhalt zu fassen. Es handelt sich darum, zu beweisen, daß Deutschland im Kampfe mit äußeren Feinden schlechterdings nur sich auf sich selbst verlassen kann, daß weder bei Rußland Hilfe gegen Frankreich, noch bei Frankreich Hilfe gegen Rußland, noch bei England Unterstützung gegen beide zu finden ist, aus dem einfachen Grunde, weil Frankreich, Rußland und England, trotz aller Verschiedenheit ihrer Interessen, und aller möglichen Feindseligkeiten, die zwischen ihnen selbst bestehen mögen, in Bezug auf die gegenwärtig schwebenden Fragen in ihrer allgemeinsten Fassung dennoch in geheimem und verrätherischem Einverständnisse handeln. Alle drei betrachten nicht nur die Türkei, sondern auch Deutschland und die anderen Länder des europäischen Westens als im Verfalle begriffen und als eine Beute, in welche sie sich zu theilen haben, wobei indessen Frankreich und Rußland wieder gegen England vereinigt sind. Einem englischen Staatsmanne, dem gegenwärtigen Premierminister, wird nun geradezu und ganz bestimmt schuldgegeben, daß er, an Rußland verkauft, und durch Rußland auch den mit Rußland verabredeten französischen Operationen willfährig, nicht nur an der absichtlichen Verwirrung aller Weltverhältnisse zu Gunsten von Rußland und Frankreich arbeite, sondern dabei auch mit vollem Bewußtsein die Interessen seines eigenen Landes verrathe.

Der geneigte Leser lese die Broschüre selbst, welche gelesen zu werden verdient, der Schluß, welchen man daraus zieht, sei welcher er wolle. Was darin gegeben wird, sind Thatsachen, wahre Thatsachen, obschon manche von ihnen unglaublich scheinen mögen. Für ihre Erklärung mag es verschiedene Möglichkeiten geben. Die Nutzanwendung für Deutschland bleibt indessen bei jeder Erklärungsart dieselbe, denn auf dieses England kann sich Preußen nicht stützen. Stützen kann es sich nur auf sich selbst, auf gutes Einverständniß mit Oesterreich, und auf die deutsche Nation.

Eine zu Hannover erschienene kleine Schrift: "Enthüllungen aus England" — von einem Manne, welcher kurz vorher England im Interesse der Regierung eines deutschen Staates besucht hatte — spricht ganz dasselbe aus wie der oben angeführte "Entlarvte Palmerston," und den gleichen Enthüllungen politischer Verrätherein ist auch das bei Asher u. Co. zu Berlin erscheinende "Neue Portfolio — eine Samm=

lung wichtiger Documente und Actenstücke zur Zeitgeschichte" gewidmet, wovon bisher nur zwei Hefte erschienen sind. Und in Verbindung mit diesen Erörterungen über die Unzuverlässigkeit, wenn nicht die Verrätherei der englischen Politik sei endlich auch hier noch die interessante und wohlgemeinte, obschon politisch wirkungslose kleine Schrift: „Der Gang der internationalen Beziehungen zwischen Deutschland und England. Inauguralrede, gehalten zu Tübingen am 27. Oct. 1859, von Reinhold Pauli" erwähnt, welche bei F. A. Perthes in Gotha gedruckt ist.

Endlich haben wir „vom Verfasser der Despoten als Revolutionäre" noch ganz kürzlich eine Flugschrift: „Deutsche Federn in Oesterreichs Doppeladler" erhalten. Hierüber und über diese ganze Gruppe von Broschüren noch Einiges in meinem nächsten.

VIII.

Heidelberg, 25. Mai. Die letzte der Fischel'schen Flugschriften: „**Deutsche Federn in Oesterreichs Doppelabler**" bringt die deutsche Frage bis auf den gegenwärtigen Augenblick herab. Sie beginnt mit einem Sündenregister Oesterreichs; nicht um Oesterreich zu schmähen und in der öffentlichen Meinung noch mehr herabsetzen zu helfen, sondern um einen Thatbestand anzuerkennen, der zu den wichtigsten Ursachen unserer Zustände und zu den unabweisbaren Voraussetzungen unserer nationalen Entscheidungen gehört. In den Sünden der österreichischen Politik ist System. Das Princip der Legitimität, mit der Weltanschauung der Zeit nicht mehr verträglich und darum in einer zu jeder positiven That unfähigen Defensive begriffen, sehen wir vertreten von einer Camarilla aus politischen Priestern und einem Theile der österreichischen Aristokratie, welcher „von einer mephistophelischen Skepsis gegen die höheren Aufgaben des öffentlichen Lebens erfüllt" ist (S. 4). Dieses Princip muß selbst bei guter Absicht Unheil schaffen, wie Alles, was zur falschen Zeit und am falschen Orte gelten will. Auch Joseph dem II. waren die Localfreiheiten der einzelnen Länder verhaßt, „weil sie ihn in seinen freimaurerischen Sarastre-Ideen hinderten" (S. 6 — eine gelungene Charakteristik, besonders wenn man sich klar macht, daß der **gothaisch-preußische Papageno** schwerlich Dauernderes zu schaffen berufen ist als der **österreichische Sarastro**). Oesterreich steht vor einer drohenden Revolution, „welche nicht bloß Regierungssystem, Verfassung und Dynastie, sondern auch die Integrität des Kaiserstaates gefährdet" (S. 9).

„Rußland," fährt die Schrift fort, „ist der einzige Staat, welcher ein Interesse daran hat, diese Katastrophe zu fördern. Sobald das Donaureich, wie es 1806 der Fall war, keine Kraft mehr hat, um sich französischen Rheinbundsgelüsten mit Erfolg zu widersetzen, so hat Frankreich eher ein Interesse dabei, den österreichischen Staat als Macht zweiten Ranges gegen Preußen und als stete Bedrohung des italienischen Königsreiches zu erhalten. Auch kann Frankreich Oesterreich als Macht zweiten Ranges bei etwaigen Versuchen, sich von Rußlands protegirender Allianz zu emancipiren, sehr wohl verwenden. Zur Zeit aber sind Frankreich und Rußland im antiösterreichischen Interesse geeint, und die kurzsichtige Camarilla Oesterreichs, welche die klaffende Wunde des Kaiserstaates mit Heftpfläſterchen heilen will, ist ihr unbewußter Alliirter. Zu ihnen gesellt sich Lord Palmerston, dessen hauptsächlichſte Lebensaufgabe es ist, Oesterreich, den 160jährigen Alliirten Englands, zu schwächen, und wie es dem Minister eines wahrhaft christlichen Staates geziemt, den Feinden Englands (Rußland und Frankreich) Gutes zu thun.

Es gibt ehrliche Patrioten in Preußen und Deutschland genug, welche aus dem Untergange Oesterreichs die Glorie Preußens entstehen sehen. Es mögen gute Patrioten sein; erleuchtete werden wir sie niemals nennen können. Es ist nicht Preußens und Deutschlands Aufgabe, dem kranken Doppeladler noch weitere Federn auszurupfen, sondern ihm Heilung seiner Wunden zu verschaffen und neue Unbill von ihm abzuwehren." (Seite 9.)

Nach diesen Bemerkungen, in welchen sich ein in jeder Beziehung sicheres und gesundes politisches Urtheil ausspricht, folgt in der Schrift auch ein Sündenregister Preußens. „Fortan (heißt es S. 11) war es Preußens Loos, — die Zeit der Freiheitskriege abgerechnet, — zwischen der Legitimitäts- und Pfiffigkeitspolitik principienlos hin und her zu schwanken." „Die Politik von Basel ist auch im vorigen Jahre wieder lebendig geworden. Sie war es weniger bei der Staatsregierung, der es nur an der nöthigen Energie in der Ausführung fehlte, als bei einem Theile der herrschenden liberalen Partei. Dieser Theil der liberalen Partei, welcher in seiner Superklugheit alle entscheidenden Schritte gegen Frankreich zu verhindern versuchte und auch verhinderte, welcher die naturwüchsige und richtig fühlende nationale Bewegung in Süd- und Mitteldeutschland verhöhnte, bemühte sich jetzt freilich, durch leere Proteste gegen die Annexationstheorie Napoleons und durch abergläubisches Anklammern an den neuen italienischen Großstaat die Folgen der eigenen Politik zu verwischen. Aber wir bezweifeln, daß diese Männer dazu berufen sind, die auswärtige Politik Preußens wieder zu rehabilitiren." (Seite 11.)

Alles dieß ist vollkommen treffend und richtig. Und eben so das Folgende:

„Die Noth des Augenblickes, welche einer anderen Kategorie einflußreicherer preußischer Liberalen die Besinnung raubt, hat sogar die Velleitäten der heiligen Allianz wieder bei ihnen auftauchen lassen. Eine solche Politik heißt Preußen und Oesterreich zugleich unter das russische Protectorat bringen, beide ihrer Selbstständigkeit berauben, und den Teufel mit Beelzebub austreiben." (Seite 12.)

Nicht nur einflußreichen „Liberalen" hat die Noth des Augenblickes so weit die Besinnung geraubt, sondern auf die Warnungen vor Rußland mit dem Lächeln des absoluten Unverstandes zu antworten, ist sogar bei einem großen Theile der deutschen Demokratie guter Ton geworden; — freilich bei Leuten, die niemals große Politiker gewesen sind, und die nur „die Noth des Augenblicks" in die Stellung gebracht hat, überhaupt die Rolle der Politiker zu spielen.

„Die Furcht, welche der preußische Liberalismus zum Theil vor Oesterreich hat, ist am Ende nur die Furcht vor der eigenen Schwäche. Der Liberalismus Stein's und Arndt's schreckte vor einem Bündnisse mit dem absolutistischen Oesterreich nicht zurück. So lange dieser Liberalismus vorhielt, vermochte Oesterreich gegen Preußen nichts," .... aber ..... „in dem Preußen, in welchem der Gensdarm sich vermaß, die katholische Kirche reglementiren zu wollen, in dem Preußen, und durch das Preußen, welches die russische Armee zu Adrianopel vom Untergange rettete und Europa's Rettung von Rußlands Uebermacht verhinderte, welches Paskewitsch's Schaaren zur Aufrechthaltung der russischen Grenzsperre und der Gefährdung Preußens durch Rußland, zur Niederwerfung der polnischen Verfassung durch preußisches Land marschiren ließ, ... in diesem Preußen und durch dieses Preußen herrschte Oesterreich in Deutschland wie es später auch in dem Preußen und durch das Preußen Manteuffel's in Deutschland dominirte. Wer war nun Schuld, daß die Herren Kamptz und Manteuffel im Interesse Oesterreichs wirkten, — wer anders als das preußische Volk, das sie duldete? Und wer verhinderte Preußens Regierung schon 1815, das Gesetz vom 22. Mai auszuführen? Außer Oesterreichs Einfluß doch Niemand anders als die politische Unreife der Nation."

„Es ist specifisch norddeutsche Kurzsichtigkeit, wenn man glaubt, ohne das südliche Deutschland fertig werden zu können, oder wenn man sich Oesterreich von Deutschland vollkommen abgelöst denkt" (S. 13, 14).... Der von gestern stammenden preußischen „Staatsweisheit ist es nicht zuzumuthen, für das tausendjährige, zuletzt durch Oesterreich vermittelte Verhältniß Deutschlands zu Italien ein Verständniß zu haben".... „Und wer anders als der österreichische Kaiserstaat ist es, der Deutschlands Handel mit dem Orient vermittelt? Wer vertrat allgemein deutsche Interessen zur Zeit des Krimkrieges? Etwa die Herren Manteuffel, Bismark und Meusebach? oder nicht mehr der Slave Prokesch und der Deutsch=Oesterreicher Buol=Schauenstein?".... „Ist es eines Politikers würdig, den Staat nach seinen augenblicklichen Lenkern zu beurtheilen? Wer konnte es dem Auslande verargen, unter Herrn von Manteuffel's Regimente keine deutschen, sondern nur russische Federn an Preußens Adler zu entdecken?" (Seite 14.)

Was will nun der Verfasser? —

Sehen wir zuerst, was er nicht will!

Er will vor Allem jetzt kein Parlament, und er will keine Revolution. Wir glauben, er hat in beidem Recht, und beides sind wahre Lebensfragen für uns.

Kein Parlament. Denn fehlte Oesterreich darin, so würde das Zerreißen Deutschlands unvermeidlich sein; mit seinen Bundeslanden theilnehmend würde es dagegen, wenn dieß unter jetzigen Umständen denkbar wäre, aus unvermeidlichen natürlichen Gründen abermals jede wirksame Gestaltung verhindern müssen. „Der besondere preußische Landtag müßte dabei zu einem kümmerlichen Provinziallandtage zusammenschrumpfen, vielleicht ganz verschwinden." u. s. w., u. s. w. Seite 16 u. 17. — „So lange nicht eine Form gefunden wird, unter der Oesterreich mit den deutschen Centralgewalts= und Parlamentsbestrebungen versöhnt ist, sind sie bei der heutigen Machtstellung Frankreichs und Rußlands unmöglich." (S. 16.)

Keine Revolution. Ein revolutionäres Parlament hätte die Wahl, entweder „dem mächtigsten deutschen Fürstenhause, also hier in concreto dem Hause Hohenzollern" eine revolutionäre Dictatur zu übertragen (wenn dieses Haus Lust hat, eine solche Dictatur anzunehmen), oder aus sich selbst eine revolutionäre Centralgewalt zu schaffen, und — sich damit selbst aufzuheben, meint der Verfasser. Wir aber zweifeln daran, daß die große Debattiranstalt sich jemals für entbehrlich halten, und sich freiwillig auflösen würde. Auch den Dictator denken sich unsere Doctrinärs auf doctrinäre Weise. Aber wenn auch die reinen Militärdictatoren bestehender Republiken ernannt werden können, so ernennen revolutionäre Dictatoren sich selbst, und wenn ihnen nachher die nationalen Debattiranstalten unbequem oder langweilig werden, jagen sie sie einfach auseinander. Das würde auch in Deutschland der Fall sein. Der erste General, welcher nach einer Reihe von nationalen Niederlagen, die für für den Anfang ja doch unvermeidlich wären, uns eine Schlacht gewönne, würde, wenn er sonst politisch das Zeug dazu hätte, unser Dictator — unser Cromwell, Washington oder Napoleon sein. Das wäre der glücklichste Verlauf der Dinge; wir haben aber kein Recht, denselben gerade als den, welcher eintreten wird, vorauszusetzen. Jedenfalls hat der Verfasser recht, wenn er sagt: „Die vertriebenen Fürsten würden an Rußland, Frankreich, Oesterreich — vielleicht auch an England Beschützer finden, und diese würden sich in Deutschlands Händel mischen" . . . . „Keine revolutionäre Bewegung hat andere Chancen, als Deutschland zu ruiniren." (Seite 18.)

Dieß in Bezug auf die deutschen Verhältnisse im Allgemeinen. Der Verfasser kehrt zu Oesterreich und seiner Gefährdung zurück, und auch hier handelt es sich zuerst um das, was er nicht will, nämlich:

Keine Intervention Deutschlands in Oesterreich zu Gunsten des Legitimitätsprincips —

Keine Wiederholung der polnischen Tragödie (d. h. keine Theilung Oesterreichs).

Finis Austriae würde, aller Wahrscheinlichkeit nach, nicht nur finis Germaniae, sondern auch finis Borussiae werden. (Seite 19.) Der Gedanke ist auf den folgenden Seiten mit Sachkenntniß ausgeführt. Die Erhaltung des österreichischen Kaiserstaates ist dem Verfasser der Cardinalpunkt der preußischen Politik (Seite 23). Allerdings nicht auch die Erhaltung des österreichischen Legitimitätsprincipes; aber — „wenn es kein Oesterreich gebe, müßte man es erschaffen" — mit diesen Worten schließt der Verfasser seine Schrift.

Suchen wir den positiven Gedanken in Bezug auf die deutschen Verhältnisse im Allgemeinen, so finden wir, daß er, wie in allen Fischel'schen Broschüren, nicht offen und deutlich hervortritt, und wir bemerken eine durchgehende absichtliche Zurückhaltung in diesem Punkte. Die positivste Stelle ist Seite 18 zu lesen: „Wenn alle Deutschen darin einig sind, dem Auslande nicht eine Scholle von Deutschen beherrschten Landes zu gönnen, wenn alle Deutschen die Grenzen deutscher Interessen verstehen, wenn in ganz Deutschland die Völker ihre Regierungen nöthigen, Recht und Gesetz zu achten, so ist Deutschland einig, und für diese Einigkeit wird sich auch die entsprechende Form finden. Man muß nie den Bau mit dem Dache beginnen wollen. Deutschland war trotz seiner Getheiltheit eine Einheit auf dem Boden germanischer Gemeinfreiheit. Man stelle diese im Gewande der Zeit her, und kein absolutistischer Minister wird Deutschland seine Politik vorschreiben können." — Das ließe sich hören, wenn die vielen „Wenn" nicht vorausgingen, und „wenn" wir ruhige Zeit zur besseren politischen Entwickelung des Nationalcharakters hätten. Aber „wenn" wir handeln müssen, ehe jene „Wenn" verwirklicht sind? — was dann? — Lesen wir auf Seite 27:

„Sollte man in Wien gegen alle Mahnungen und Zeichen, die so drohend am Himmel stehen, taub sein, rennt man verbundenen Auges ins Verderben, glaubt man durch Palliative heilen zu können, und bricht die Revolution dort (an der untern Donau und in Oesterreich) aus, so ist es an Preußen, Deutschlands Widerstand gegen die von Osten und Westen heranbringende Fluth zu organisiren.

„Dieser Widerstand wird nur dann ein erfolgreicher sein können, wenn nicht nur die Stämme Deutschlands, sondern auch die Völker Oesterreichs in Preußen den Beschützer gegen eine russische Intervention sehen, mögen sie scheinbar für oder offen gegen die Dynastie stattfinden."

Was heißt das? —

Preußen muß in der Noth die Hegemonie Deutschlands nicht nur zur Erhaltung Deutschlands, sondern auch Oesterreichs ergreifen. Aber diese Hegemonie darf sich nicht an Hintergedanken knüpfen, in denen anderen deutschen Staaten, klein oder groß, zu nahe getreten wird. Diese Hegenomie darf nur die vorübergehende einer Dictatur für den Krieg sein. Im Uebrigen müssen die deutschen Bundesverhältnisse geschont werden, denn dieß ist keine Zeit zu gewaltsamen und tiefgreifenden Experimenten.

Das ist vortrefflich, liberal-conservativ gedacht! — Wäre in dem Gedanken nur nicht mehr Idealismus als wir jetzt brauchen können. — Ist Preußen einmal Kriegsdictator über alle Deutschen, auch die Deutschen Oesterreichs (der Verfasser sagt sogar „die Völker Oesterreichs"), so wäre es freilich mit der Welt wesentlich anders bestellt. Wie soll es aber dahin kommen? Was liegt nicht alles dazwischen? — Und wenn einmal, was doch vorhergehen müßte, die österreichische Macht nur von der Kraft des unter Preußen geeinten gesammten deutschen Volkes Rettung und Leben empfinge, würde es so ganz im freien Willen Preußens und des deutschen Volkes liegen, auch bei der größten politischen Weisheit und Selbstbeherrschung, die Dinge, nach geschehener That der Rettung, wieder auf den vorhergehenden Fuß zu stellen? Wäre dieß überhaupt auch mit dieser Weisheit vereinbar? —

Kommt es überhaupt so weit, wie hier der Verfasser voraussetzt, und wie es wahrhaftig unter Umständen in wenig Monaten kommen kann, so sieht kein Mensch, was hinter der gewaltigen Katastrophe liegt. Will man aber auch das Conservativste annehmen, was allenfalls in der Ferne erkennbar wäre, so könnte es höchstens doch nur die kleindeutsche Centralisation sein, mit oder ohne linkes Rheinufer, mit oder ohne Deutsch-Oesterreich, mit dem Fortbestehen oder ohne das Fortbestehen der österreichischen Monarchie. Dieß muß der Verfasser, welche Beweggründe er auch haben mag, nicht mit der Sprache herauszugehen, so gut einsehen wie wir, und deßhalb sind seine Flugschriften hier mit in die Reihe der centralistischen Literatur gestellt worden.

Nur in einem Falle könnten wir ihm damit Unrecht thun, — wenn er ein heimlicher Anhänger der Trias wäre. Denn eine von Preußen und Oesterreich selbst beförderte und friedlich geschaffene westdeutsche Union, welche jede Veranlassung und Möglichkeit eines Rheinbundes wegnehmen würde, wäre im Stande, die Vereinigung aller preußischen, deutschen und österreichischen Kräfte zu gemeinsamer Action zu bewirken.

IX.

Heidelberg, 30. Mai. Meine Betrachtungen führen mich nun, nachdem ich dem Leser zuerst die politischen Flugschriften der revolutionären Emigration, sodann die der nationalen Centralisten vorgeführt, zur dritten Hauptabtheilung unserer politischen Fortschrittsliteratur, nämlich den Schriften der **großdeutschen oder föderalistischen Partei**.

Der Ausdruck „großdeutsch" soll hierbei nicht nur die Mitaufnahme der deutschösterreichischen Länder in irgend einen deutschen Staatsplan bedeuten, sondern es ist damit zugleich die Behauptung deutscher Macht und deutschen Einflusses gemeint, wo immer sie bereits wirksam sind oder wirksam sein sollten. Der Ausdruck also bedeutet daß sowohl **ganz Preußen** wie **ganz Oesterreich** sich in irgend einer Form mit Deutschland einen sollen. Daß diese Form nur eine **föderative** sein könne, versteht sich von selbst. Der Föderalismus ist auf der einen Seite Grund, auf der andern Folge des großdeutschen Planes.

Man hat gesagt daß in unserer Zeit zwischen Liberalen und Demokraten kein wesentlicher Unterschied mehr sei. Es kann hier gezeigt werden wie sehr dieß ein Irrthum ist. Das demokratische System ist eben der **Föderalismus**, wie das liberale System der **Centralismus** ist. Folgerichtig sollte also die deutsche Demokratie großdeutsch sein, weil sie, ihrem Lebensprincipe gemäß, föderalistisch sein muß. Der Liberalismus, wie er sich in seinem wahren Wesen darstellt, geht von dem abstracten Staatsbegriffe aus. Sein Ideal ist der Rechtsstaat, der immer mehr oder minder bureaukratisch sein muß. Nirgends hat man das besser sehen können als in den Entwickelungsphasen des schweizerischen Liberalismus. In seiner folgerichtigsten Ausbildung, dem sogenannten Radicalismus, — welcher nie etwas anderes war als die abstracte Rücksichtslosigkeit des liberalen Systemes — hat dieser seine bureaukratische Natur vielfach an den Tag gelegt. Das war es auch was am Ende der dreißiger Jahre seinen Sturz herbeigeführt, und mehr demokratische, wenn auch weniger aufgeklärte Volksbestandtheile zu Einfluß gebracht. Wäre es wahr daß in Preußen zwischen Liberalismus und Demokratie kein wesentlicher Unterschied mehr besteht, so würde dieß nur beweisen daß die preußische Demokratie auch nichts anderes ist als eine abstracte Richtung, nichts anderes als der etwas stürmischere und consequentere Liberalismus. Aber der Liberalismus mag noch so radical sein, dadurch wird er nicht zur Demokratie, so wenig wie es bei dem Unterschiede auf die monarchische und republikanische Regierungsform ankommt. Das Wesentliche des demokratischen Systemes ist diejenige Anschauung des Staatslebens welche nicht von einem abstracten Staatsbegriffe, sondern von den natürlich gegebenen Kreisen der Selbstverwaltung und Selbstregierung ausgeht, und, auf dem Wege des föderativen Aufbaues, von den untersten Gebieten des örtlichen Gemeinlebens zur Möglichkeit völkerverbindender Reiche fortschreitet. Wie die „geschlossene Staatsform" des politischen Centralismus dem kleindeutschen Liberalismus als wesentliches Dogma angehört, so die offene Staatsform des Föderalismus der großdeutschen Demokratie. Hiermit ist der Gegensatz der beiden Systeme scharf bezeichnet.

Indem ich einige der wichtigsten Erscheinungen der großdeutschen Literatur hervorhebe, will ich nicht bei den rein polemischen Schriften verweilen in welchen die preußische Politik eine scharfe und leider gerechte Kritik findet. Ich beschränke mich darauf einige Titel anzuführen, wie: „Deutsche Antwort auf preußische Phrasen. Ein offener Brief an den Verfasser der Schrift: Preußen und der Friede von Villafranca." Leipzig. R. Hennings'sche Buchhandlung. Ferner: „Die preußische Politik und der italienische Krieg von 1859, von E. F. G. Kleinschrob." Frankfurt a. M. J. D. Sauerländer's Verlag. Diese und ähnliche Schriften müssen wenigstens von denen gelesen werden, welche die preußischen Darstellungen und Beschönigungsversuche gelesen haben und das audiatur et altera pars nicht ganz verleugnen wollen.

Eben so wenig will ich bei solchen großdeutschen Schriften verweilen, deren einziges Verdienst — welches nicht unterschätzt werden soll — in einem allgemeinen idealen Festhalten an der Hoffnung deutscher Einheit und Macht besteht, wie das Schriftchen: „Wohinaus?" von Sigmund Schott in Stuttgart, und die zu Ulm erschienenen „Gebote deutscher Nationalpolitik." Das ist nationaler, man möchte sagen schillerfestlicher Idealismus, dessen die Nation ganz gewiß nicht entbehren kann, wenn sie ihr Ziel erreichen soll, der sich aber nicht verletzt fühlen darf wenn er von der kalten Hand des politischen Verstandes berührt wird, ohne den die Erreichung ebenfalls nicht gelingen kann. Diese Hand muß freilich allerlei Dinge angreifen, von denen der Idealismus sich fern zu halten sucht. Ist er aber so empfindlich, daß er auch diese **mittelbare Berührung** mit der schlechten Wirklichkeit nicht dulden mag, so ist ja zu helfen: die Hand kann, wie die eines jeden **Arbeiters**, gewaschen werden, bevor sie dem Idealismus zum Bunde dargeboten wird.

So kommen wir in unserer Betrachtung auf die Schriften, in welchen sich der großdeutsche Gedanke positiv und mehr oder minder deutlich gestaltet ausspricht.

Wir sehen ihn in verschiedenen Formen auftreten, deren Verschmelzung nun das ist, was vor Allem Noth thut. Die eine Form nämlich ist die der sogenannten **Trias** oder **deutschen Dreiherrschaft**. Der Schreiber dieser Briefe rechnet es sich noch heute zum Verdienste an, in seiner im vorigen Jahre erschienenen Schrift: „**Deutschland und der Friede von Villafranca**" den Gedanken der deutschen **Dreiherrschaft** oder sogenannten **Trias** neu angeregt zu haben, und noch heute nimmt er bereitwillig die Verantwortlichkeit dafür, und die Mißdeutungen welche sich daran knüpfen mögen, auf seine Schultern. Es hat vielleicht einiger moralischer Muth dazu gehört, diesen Mißdeutungen Trotz zu bieten, und wäre der Verfasser über alles was während seiner langen Abwesenheit von Deutschland vorgegangen, unterrichtet gewesen, er hätte diesen Muth vielleicht nicht gehabt. Um so besser daß er nicht unterrichtet war: es zeigt sich daß zuweilen auch die Unwissenheit ihren Nutzen hat.

Daraus daß ein guter Gedanke sich falsch anwenden und in einen schlechten verkehren läßt, folgt nicht, daß man verzichten müsse ihn richtig anzuwenden. Man müßte sonst auf jedes Gute verzichten, denn auch das Beste läßt sich in Schlechtes verkehren. Sagt man also: die engere Vereinigung der Mittel- und Kleinstaaten kann leicht zum Rheinbunde werden, so ist dies freilich richtig, nämlich wenn man dieser engeren Vereinigung in Deutschland selbst, d. h. von Seiten der beiden deutschen Großstaaten, ihre Berechtigung bestritte, und, statt sie als Bundesstaat im Staatenbunde schaffen zu helfen, ihr Hindernisse in den Weg legte. Aber gerade die **immer offenstehende Möglichkeit** der Bildung eines Rheinbundes bei jeder ernstlichen Gefährdung der Mittel- und Kleinstaaten beweist wie sehr die engere Vereinigung derselben in der Natur der Verhältnisse bedingt liegt, und eben diese immer offen stehende Möglichkeit mahnt dazu, diese engere Vereinigung unter dem Schutze von, und im Zusammenhange mit Oesterreich und Preußen, also unter dem Schirme des jetzigen Bundes zu schaffen, damit sie nicht unter dem Schutze des Auslandes und zum Vortheile des Auslandes geschaffen werde. Historische Bedürfnisse muß man auf richtige Weise zu befriedigen suchen, damit sie nicht auf falsche Weise befriedigen. Ihnen die Befriedigung überhaupt abschneiden zu wollen, ist die verkehrteste Wahl welche man treffen kann.

Denkt man sich ferner die Trias immer nur in der Form bairischer Hauspolitik und der Centralisation der Mittel- und Kleinstaaten unter Baiern, sodaß es zwischen „Gotha und Bamberg", um nichts als um die Nebenbuhlerschaft eines bairischen und preußischen Cavourismus handelte, so wäre der Gedanke freilich nicht viel besser als es der preußische Cavourismus allein ist. Wenn man sich aber in Preußen, und mehr oder minder in Norddeutschland überhaupt, eine Lösung der deutschen Frage nur in centralistischer oder hegemonischer Form denken kann, so ist das darum nicht auch süddeutsch gedacht. Selbst in Oesterreich hat nun der Fortschritt zum Bessern die Form der provinziellen Autonomie angenommen, also eine Bewegung gegen das Föderativsystem machen müssen; in der Gruppe der Mittel- und Kleinstaaten drängt er auf die Bildung des Bundesstaates im Staatenbunde hin. Sieht man in einer solchen Lösung der deutschen, und zugleich der europäischen Frage ein Uebel, so ist dies jedenfalls ein geringeres als die preußische Union neben Oesterreich, oder als eine preußische und eine österreichische Union neben einander, oder als eine Theilung des Gebietes der Mittel- und Kleinstaaten zwischen Preußen und Oesterreich, oder als die Centralisation Kleindeutschlands neben Oesterreich, oder vollends als irgend eine politische Gestaltung die aus der Zertrümmerung Oesterreichs hervorgehen könnte.

Die vorhin erwähnte Schrift ist denn auch in der Vertretung der Trias keineswegs allein stehen geblieben, sondern wir haben für den Gedanken verschiedene andere aufzuführen. In Karlsruhe erschien: „Die deutsche Frage und die deutschen Mittel- und Kleinstaaten", ein besonderer Abdruck aus den Nummern 187 bis 196 der Karlsruher Zeitung vorigen Jahres. Die in Heidelberg erschienenen „Briefe eines Deutschen über die deutsche Bundesreform" bekennen sich zum gleichen Gedanken. Dasselbe gilt von einer trefflichen kleinen Schrift von A. Peez: „Deutschland am Wendepunkte seiner Geschicke." Wiesbaden, bei Limbarth. Der Verfasser ist einer der wenigen Publicisten umfassenderen Blickes, welche von dem einzig richtigen Standpunkte ausgehen, daß wir es in der gegenwärtigen Weltlage mit einer russisch-französischen Verschwörung zu thun haben. Aus dieser richtigen Voraussetzung zieht er richtige Schlüsse für die Lösung unserer Verhältnisse, und einen reineren deutschen Patriotismus als ihn diese Schrift enthält, wüßte ich in der ganzen hier besprochenen Literatur nicht zu finden. Als Beispiel nehme man folgende Stelle: „Und wenn dann — was der Himmel verhüten möge! — der romanisch-slavische Verschwörungsplan gelänge und Oesterreich in Trümmer ginge, — was würde aus unseren deutschen Brüdern, den Steyrern, Kärnthnern, Tyrolern, Deutschböhmen und Siebenbürgen, die theilweise unter fremden Völkern wohnen? Sollen wir sie slavisiren, magyarisiren, italienisiren, sollen wir sie von der kolossal anschwellenden Russenmacht erdrücken lassen? Was würde aus unserem Handel auf dem adriatischen Meere und auf der Donau? Was würde aus unserer ganzen Machtstellung gegen den Orient? Sollen wir alle diese Lebensinteressen deutscher Nation preisgeben? Nein! und abermals Nein! Und wenn hundert Concordate abgeschlossen wären, und wenn hundert Sedlnitzky's noch in Wien schalteten, — wir dürften es nicht dulden, wir dürften nicht von unsern Brüdern lassen, stets eingedenk, daß die Systeme sich ändern, die Machtstellung unserer Nation aber, wie sie jetzt in Oesterreich verkörpert ist, entweder niemals, oder nur durch Ströme von Blut wiedergewonnen werden könnte! Wenn wir jetzt Oesterreich im Stiche ließen, weil wir Einwendungen gegen einzelne Personen und Maßnahmen zu machen haben, — so wäre dieß das äußerste Armuthszeugniß, welches je eine große Nation sich selber ausgestellt hat." (Seite 29.) Dies zum Belege für den allgemeinen politischen Blick und patriotischen Sinn des Verfassers, die sich beide als untadelhaft beweisen. Hören wir nun, was er über die deutschen Einheitspläne sagt: „Worauf", fragt er, „gründet jene Partei (die preußisch-deutsche) ihre Ansprüche? Ist sie so wenig unterrichtet über den Stand der öffentlichen Meinung? Kennt sie so wenig den Charakter und die deutsche Geschichte, welche beweist, daß jede größere Occupation von Norddeutschen im Süden, und von Süddeutschen im Norden seit Heinrich dem Löwen und dem Kaiser Heinrich IV. gescheitert ist? Und wenn dies geschah in der damaligen Zeit, wo die Regierungsthätigkeit noch eine wenig hervortretende, die Reibung eine unbedeutende war, — welchen Widerstand würde jetzt ein bürokratischer Staat, wie es Preußen ist, erregen, wenn er seine straffen Ordnungen, seine Beamten und Soldaten über die Mitte und den Süden unseres Vaterlandes hinziehen wollte!" — „Der Charakter unserer Stämme, die Verschiedenheit der Religion, die Geschichte, die Sitte und Gewohnheit wie das Interesse werden einem centralisirten Einheitsstaat in Deutschland immer unüberwindliche Hindernisse in den Weg legen. Wer dies nicht einsieht, der hat seine politischen Anschauungen nicht aus dem Volke geschöpft". . . . „Soll es mit Deutschland besser werden, so muß der Gedanke aufgegeben werden, daß auf dem Wege der Einverleibung in einen einzelnen Territorialstaat unser altes ehrwürdiges Deutschland seine Einheit und Größe je erlangen könne." (S. 33.)

Und nun weiter (S. 35 und 36) der positive Gedanke des Verfassers: „Die Mittel- und Kleinstaaten, getragen von der öffentlichen Meinung der Nation, mit welcher sie ein enges Bündniß zu schließen haben, sollen zwischen Oesterreich und Preußen stehen, und durch den Anschluß an denjenigen unserer beiden Großstaaten, welcher im gegebenen Falle die nationale Politik am besten vertritt, den Ausschlag geben." Endlich S. 39: „Um dieses Ziel zu erreichen, wird es sich empfehlen, daß sowohl die Fürsten wie die Minister der Mittel- und Kleinstaaten in möglichst innige Beziehungen zu einander treten."

Das wäre denn, wenn auch nur in bloßem Umrisse, der Gedanke der **Trias**.

Von Oesterreich und Preußen sagt der Verfasser, was seitdem in den „Untersuchungen über das europäische Gleichgewicht" historisch ausgeführt und im Großen weiter verfolgt worden ist: „Unsere beiden Großstaaten waren weiter nichts als **Marken** über die von uns eroberten Ostländer." So ist es ja wohl natürlich daß beide, nicht nur Oesterreich **sondern auch Preußen**, zum großen Theile nichtdeutsche Volkselemente enthalten, wenn auch mit dem Unterschiede, daß die **Slaven**, welche einen so vorwiegenden Bestandtheil der Bevölkerung gewisser preußischer Provinzen ausmachen, längst bis zur Ausrottung ihrer Sprache germanisirt worden sind, während in Oesterreich die nichtdeutschen Nationalitäten des Kolonielandes geschont wurden.

Auf das Nationalitätsprincip läßt sich denn auch demgemäß der Verfasser mit Recht nicht ein. Von Oesterreich sagt er in dieser Beziehung: „Zugleich bieten seine außerdeutschen Gebiete — deren Besitz seltsamerweise ihm von mancher Seite als Fehler angerechnet wird, während wir doch wünschten, daß auch Preußen recht viel außerdeutsches Gebiet besäße, — seine anderweiten Besitzungen sagen wir, bieten noch für deutschen Gewerbfleiß, deutsches Capital und deutschen Handel einen herrlichen Tummelplatz." (S. 37.) Und weiter (S. 40) sagt er: „für jeden fußbreit fremden Gebietes welches der preußische Adler uns zubringt, wollen wir ihm dankbar sein. Aber vom deutschen Lande bleibe er ferne, die eigne Mutter darf nicht vom großgewordenen Sohne beraubt werden." Den richtigen und weitreichenden politischen Blick des Verfassers erkennen wir endlich in dem Berufe, den er einer durch die deutsche Nation in der Mitte des Welttheils gegründeten Föderativmacht, die nur einer besseren Ausbildung bedarf, aber im deutschen Bunde bereits den Anfang ihres Daseins gefunden hat, anweist, — „einer Föderativmacht, zu welcher früher oder später auch die einst losgerissenen Theile des alten Reiches, nämlich Holland, Belgien und die Schweiz, freiwillig sich stellen werden", um vor Frankreich und Rußland sicher zu sein. (Seite 40.)

Dieser Gedanke, daß der deutsche Bund, namentlich durch eine engere Vereinigung der deutschen Mittel= und Kleinstaaten, berufen sei den Kern zu einem europäischen Staatenbunde abzugeben, und damit den internationalen Beruf des deutschen Reiches wieder aufzunehmen, welches nie ein bloßer deutscher Staat hat sein wollen, — dieser Gedanke ist, wie mehrere andere die wir hier nur angedeutet finden, ein wesentlicher Theil eines Buches dessen bedeutungsvollem Inhalte mein nächster Brief gewidmet sein soll.

X.

Heidelberg, 1. Juni. Mein heutiger Brief soll einer einzigen Schrift gewidmet sein, welche ich für die bedeutendste halte die über deutsche Angelegenheiten geschrieben worden ist. Ich meine die „Untersuchungen über das europäische Gleichgewicht," welche gegen Ende vorigen Jahres bei Ferdinand Schneider in Berlin erschienen sind. Der Verfasser, welcher sich nicht genannt hat, ist Constantin Frantz, ein Mann der als geist- und charaktervoller politischer Schriftsteller bekannt ist, obschon er den größten Theil seiner zahlreichen Flugschriften hat anonym erscheinen lassen. In diesen ist eine fortlaufende Entwickelung der Ansichten, eine stetige Erhöhung des Standpunktes sichtbar, wie sie bei jedem selbstständigen und mit Ernst arbeitenden Geiste sich von selbst versteht. Ich bin daher weit davon entfernt, mit allem was der Verfasser in früheren Schriften geäußert hat, einverstanden zu sein, und glaube selbst in dem hier in Rede stehenden Buche noch die Ueberreste der Anschauungen überschrittener Standpunkte erkennen zu müssen. Das sind aber unbedeutende Nebensachen, um so mehr, als es sich bei praktischen Angelegenheiten um die **Ziel-** und nicht um die **Ausgangspunkte** handelt. Jedenfalls habe ich es hier einzig mit der neuesten Schrift des Verfassers zu thun, einem Buche welches einen ansehnlichen Octavband ausmacht, der mit Ernst und mit dem guten Willen etwas zu lernen gelesen sein will. In der Politik ist eine solche Art von Lectüre bei uns nicht beliebt. Man zweifelt nicht daran daß Jemand, um etwas von Chemie oder Mathematik zu verstehen, **studiren muß**. Die Politik glaubt ein Jeder als Dilettant betreiben zu können, und selbst Männer von Geist und Bildung betreiben sie ungefähr so wie vor fünfzig Jahren ebenfalls Männer von Geist und Bildung bei uns die speculative Naturphilosophie betrieben haben, indem sie glaubten die Natur zu **verstehen**, ohne sie zu **kennen**. Vielleicht ist dieser bei uns noch vorherrschende kannegießerische

Betrieb der Politik, welcher ernste politische Studien für überflüssig hält, der Grund, weßhalb ein Buch wie es vielleicht keine Nation irgend einer Zeit über ihre eigene politische Entwickelung und Aufgabe besitzt, trotz der Aufmerksamkeit die es in wirklich politischen Kreisen erregt hat, im größeren Publikum, und namentlich auch in der Presse, nicht eine seiner Bedeutung entsprechende Beachtung gefunden. Oder sollte es dieses Schicksal nur mit anderen Schriften theilen, die nicht mit dem großen aber seichten Strome dahinschwimmen, in welchem die allgemeine Brühe des sogenannten Liberalismus abfließt? Beides mag zusammenwirken. Im Uebrigen wird, mit oder ohne ausdrückliche Anerkennung, das Buch seinen Einfluß auf den Gang unserer nationalen Angelegenheiten ausüben. Es gehört zu den Büchern aus welchen zunächst der Lehrer des Volkes zu lernen hat; zu denen, welche langsam eine neue Partei begründen helfen, aber deren Wirkung eine um so tiefere und siegreichere ist.

Der Verfasser betrachtet, wie es sich für den Politiker von selbst versteht, die deutschen Angelegenheiten in Verbindung mit den Gesammtbedingungen unserer eigenen politischen Geschichte und der gegenwärtigen Weltlage.

Die ganze abendländische Christenheit bildete im Mittelalter gewissermaßen ein Reich, mit Papst und Kaiser an der Spitze. Man möchte das Gebäude einem der doppelthürmigen Dome vergleichen welche in jener großen Zeit unseres Volkes entstanden sind, und dessen allgemeinem Bauplane ordneten sich auch die nicht zum Reiche gehörigen abendländischen Staaten wie die Seitenthürmchen eines solchen Domes unter. Auf ein politisches Gleichgewicht unter den einzelnen Staaten, im Sinne unserer jetzigen Zeit, kam es damals nicht an, weil das Verhältniß der Theile von selbst durch den Plan des Ganzen bestimmt war. Mit dem inneren und äußeren Zerfallen dieses Systemes tritt dagegen das Bedürfniß auf, im Machtverhältnisse der Staaten die Sicherheit der einzelnen Bestandtheile zu suchen in die es sich zerlegt hat. Ein Machtverhältniß, welches diesen Zweck erfüllte, wäre eben das gesuchte politische Gleichgewicht. Bei der Ungleichheit der Macht ist der Zweck nur durch Bundesgenossenschaften zu erreichen. So lange Staaten von ungleicher Macht neben einander bestehen, wird ein Machtverhältniß welches ihnen Sicherheit des Bestandes gewährt, nur durch Bundesgenossenschaften hergestellt werden können; und soll die Sicherung eine dauernde sein, so werden vorübergehende

Bündnisse sich zu wirklichen Staatenbünden und Bundesstaaten fortentwickeln müssen. Dieß ist die Lage Europa's.

Die letzte Form, in welcher der Gedanke des europäischen Gleichgewichts sich geltend gemacht, war die sogenannte **europäische Pentarchie**. Fünf Staaten: Rußland, Preußen, Oesterreich, England und Frankreich, — diese fünf, welche sich die „**europäischen Großmächte**" nannten, — räumten sich unter einander Gleichheit des Ranges ein und warfen sich zum Schiedsrichter der politischen Welt auf. Dieses politische Truggebilde, aus der heiligen Allianz durch Zuzug von England und Frankreich hervorgegangen, war von Anfang an ein Versuch die Welt über ihre Bedürfnisse zu täuschen. Sie log der Welt eine Gleichheit des Ranges unter Staaten vor, zwischen denen, wie zwischen Rußland und Preußen, mit der großen Ungleichheit der Macht und des politischen Verstandes, eine vollständige Beherrschung der Politik des schwächeren Theiles gegeben war. Sie war eine Coalition der Mächtigen gegen die Schwachen, während das gesuchte Gleichgewicht doch eine Coalition der Schwachen gegen die Mächtigen verlangte. Sie machte Rußland zum Haupte einer europäischen Verbindung in welche dieses Reich culturhistorisch nicht hineingehörte, und gestattete eben diesem Rußland die Ausbeutung dieser Verbindung, welche doch überhaupt nur **gegen Rußland** dauernd einen Sinn hätte haben können. Das westliche Europa, mit Frankreich, **gegen Rußland**, das hätte nach dem Sturze Napoleons I. einen Sinn gehabt; aber das westliche Europa, mit Rußland, **gegen sich selbst**, — — das konnte nur der Verrath empfehlen und nur der Blödsinn annehmbar finden. Staaten verbinden sich nicht ohne einen Gegenstand zu haben auf den sich ihre gemeinsame Kraft richten soll. Die heilige Allianz war eine Verbindung der Ostmächte gegen Frankreich. In die Pentarchie wurde, neben England, Frankreich selbst mit aufgenommen. Aber das ganze übrige Europa, — nein — die ganze übrige Welt zusammengenommen, enthielt keinen Beweggrund zu einer solchen Machtvereinigung. Die Zwecke also, denen die Pentarchie ihr Dasein verdankte und von denen die Leitung ihrer Politik ausging, mußten innerhalb der Coalition selbst liegen. Man hat angenommen sie seien gegen die Revolution gerichtet gewesen, aber gerade um die conservative heilige Allianz in die der völkerrechtlichen Revolution dienende Pentarchie umzuwandeln, wurden Frankreich und England zugezogen. Oesterreich und Preußen mögen auch als Mitglieder der Pentarchie noch ehrlich conservativ gedacht haben; aber nicht einmal bei dem restaurirten Frankreich hat die empfangene Züchtigung lange genug gewirkt, um die Betheiligung an neuen Plänen des Umsturzes der Machtverhältnisse anderer Staaten fern zu halten. Rußland und England aber haben einen größeren Antheil an der Urheberschaft aller neueren Revolutionen als die Demokraten der europäischen Länder. Die Pentarchie war also in ihren vorherrschenden Elementen nichts weniger als conservativ. Sie war vielmehr im Zwecke revolutionär, — revolutionär nämlich im Sinne der Umwälzung aller völkerrechtlichen Verhältnisse und des ganzen europäischen Staatenbestandes, welche nun unter veränderter Leitung zum Ausbruche gekommen ist. Die Pentarchie sollte unter russischer Leitung vorbereiten was nun unter einer Leitung vor sich geht, über die sich Rußland und Frankreich haben verständigen müssen. Mit der Februarrevolution mußten dem über Europa gezogenen Netze andere Lagen gegeben werden. Der Napoleonide, von Rußland wie von der übrigen Welt anfänglich weit unterschätzt, erzwang sich seinen Antheil an der Leitung der europäischen Angelegenheiten. Die Pentarchie, welche nicht zwei Köpfe neben einander vertrug, ging durch den Krimkrieg auseinander. In ihrer Auflösung liegt die wesentliche Bedeutung dieses Krieges, und sie ist bis jetzt der Haupterfolg der Politik Napoleons III. Uebrig geblieben von den alten pentarchistischen Verbindungsfäden ist das mit dem pariser Frieden wieder hergestellte Einverständniß von Rußland, Frankreich und England, und der gemeinsame Verrath gegen Deutschland. Daß diese drei Genossen gemeinsamer Unthaten in der großen Politik, innerhalb der Grenzen ihrer gemeinschaftlichen Interessen, auch wieder gegen einander arbeiten, versteht sich von selbst, und in der Unmöglichkeit ihrer **vollkommenen** Einigkeit liegt für uns eine wesentliche Hoffnung. Bei keiner dieser drei Mächte aber dürfen wir noch Schutz gegen die anderen suchen, denn alle drei sind gegen uns einverstanden. Wo der Schutz geboten wird, ist der Verrath dahinter; und wo er angenommen wird, ist es, wenn nicht der Unverstand, gleichfalls der Verrath. Deutschland muß in der Bedrohung, in welcher es sich sieht, auf sich allein, auf die Einigkeit zwischen seinen Staaten, auf die Einigkeit zwischen seinem Volke und seinen Regierungen sich verlassen.

Da in diesem Einverständnisse von Frankreich, Rußland und England, die letzte der drei Mächte von den beiden ersten abhängig ist, so ist an die Stelle der Pentarchie im französischen Imperialismus praktisch der Versuch getreten, Frankreich zum Haupte des europäischen Occidents zu machen, und dieses Ziel durch geheimes Einverständniß mit Rußland zu erreichen, — ein Einverständniß zu welchem England nur in zweiter Linie zugelassen und dessen Grundlage eine Uebereinkunft über die Verhältnisse des Orients ist. Könnte dieses Ziel erreicht werden, so wäre damit die europäische und angrenzende asiatisch-afrikanische Welt zwischen die Oberherrschaft von Frankreich und Rußland getheilt.

Ein solcher Gang der Dinge mag dem engen Urtheile welches an gewohnten Anschauungen haftet und aus den Bedürfnissen der Gemüthsberuhigung seine Gründe schöpft, chimärisch erscheinen. Die Verhältnisse sind aber in der neueren Zeit weit über die Maßstäbe früherer Möglichkeiten hinausgewachsen. Es ist eine Weltpolitik entstanden, in welcher die europäischen Verhältnisse nur noch die Rolle eines einzelnen, wenn auch noch so bedeutungsvollen Elementes spielen, und diese Weltpolitik leistet einem Gange der Dinge wie der angedeutete einen gefährlichen Vorschub. „Großmächte," wie sich die fünf Staaten der Pentarchie genannt hatten, sind in unserer Zeit nur die Staaten welche Weltmächte sind. Solcher gibt es aber in diesem Augenblicke nur vier: Rußland, Nordamerika, Frankreich und England, von welchen selbst Frankreich nicht mehr als rein europäische Macht betrachtet werden kann. Könnten diese vier sich jemals verständigen, so hätten wir, an der Stelle der aufgelösten europäischen Pentarchie, eine allgemeine Welt-Tetrarchie, der sich alle übrigen Staaten fügen müßten. Damit indessen sind die Grenzen der politischen Gefahr noch nicht bezeichnet. Daß durch Frankreich, Rußland und Nordamerika auch noch England von seiner stolzen Weltmacht-Höhe herabgestürzt werden könne, liegt im Bereiche einer nicht fernen Möglichkeit. Englische Staatsmänner selbst geben dieses zu, und die britische Politik hat durchweg einen bloß defensiven Charakter angenommen. Daß an dem Zwecke gearbeitet, und mit einer merkwürdigen Klarheit der Einsicht in Zweck und Mittel gearbeitet wird, liegt außer Zweifel. Würde das Ziel erreicht, so hätten wir in Rußland, Frankreich und Nordamerika nur noch eine Welt-Triarchie übrig, und das westliche Europa wäre Frankreich überlassen.

Diesen drohenden Gestaltungen einer möglichen Zukunft müssen wir mit aller Macht und allem Verstande entgegenarbeiten, — das ist der aller Gesichtspunkte für die deutsche Politik, deren Wege und Ziele im Einzelnen nur in Bezug darauf beurtheilt werden müssen.

Danach beurtheilt sich dann auch das Verhältniß von Oesterreich und Preußen zu einander wie zum übrigen Deutschland; danach beurtheilt sich nicht minder das was einsichtige Menschen für das Verhältniß Deutschlands zu Europa erstreben.

Zunächst ist klar daß weder Preußen noch Oesterreich für sich allein im Stande ist eine Weltmacht aufzustellen, welche dem westlichen Europa die bedrohte Sicherheit zu geben im Stande wäre. Ueberhaupt kann die Lösung der Aufgabe welche hier gegeben ist, keinem einzelnen Staate, auch nicht einem politisch centralisirten Deutschland zufallen, sondern nur einem Reiche, in welchem der Staatsbegriff von der abstracten Höhe absoluter Geltung herab sich in die bescheidene Stelle bequemt, welche ihm im amerikanischen Systeme zuerkannt wird. Das Föderativsystem ist die höhere politische Ordnung, — die Ordnung in welcher zugleich der Freiheitsdrang der Zeit allein mit den an das westliche Europa gestellten Machtforderungen versöhnt werden kann. Nur Preußen und Oesterreich mit einander und im Vereine mit dem übrigen Deutschland können daran denken, die große geschichtliche Aufgabe der Gründung einer Macht zu lösen, welche der gesammten occidentalen Staatengruppe, aus welcher wir russischen Einfluß als fremde Einmischung fern halten müssen, wieder einen sichern Halt gibt. Selbst „Großdeutschland," in der weitesten Ausdehnung des Wortes, kann nur den Kern bilden, an welchem sich die übrigen Bestandtheile des europäischen Abendlandes mit der Zeit anschließen.

Mit dieser Aufgabe nimmt Deutschland den Beruf wieder auf den das deutsche Reich übernommen hatte, einen Beruf der von Anfang an nicht ein nationaler sondern ein internationaler gewesen ist.

Die Gemeinschaft der abendländischen Völker, welche im Mittelalter bestanden hat und seitdem zerfallen ist, muß wieder hergestellt werden. Dafür melden sich zwei Unternehmer — der französische Imperialismus, welcher durch und durch centralistisch ist, und der deutsche Geist, welcher durch und durch föderalistisch ist. Sie treten mit zwei unverträglichen Systemen gegen einander. Werden wir dem Systeme untreu auf welchem in der großen geschichtlichen Nebenbuhlerschaft unsere Berechtigung liegt, so geben wir uns selbst auf. Der Versuch uns zu centralisiren, welchen wir mit allem dem Ungeschick machen werden mit welchem man sich in geborgten Kleidern bewegt, wird uns dem Meister des Centralismus überliefern, und unsere eigene Wahl wird es gewesen sein wenn wir hinfort nach fremder Weise tanzen müssen. Deutschlands Heil liegt in der weitern Ausbildung des bereits begründeten **Föderativsystemes**, als der **offenen Staatsform**, in deren Schutz umliegende schwächere Staaten, wie die Schweiz, Holland, Belgien und Dänemark, — mit welchem letzteren wir nicht einen jammervollen Streit verewigen dürfen, — mit der Zeit Sicherheit finden können. Den Kern für einen solchen **europäischen Staatenbund** muß der **deutsche Bund** abgeben. Ihn in einen deutschen Centralstaat umwandeln zu wollen, ist ein Unternehmen, zu dessen Versuch nur die Blindheit gegen alle Bedingungen und Forderungen der Geschichte bethören kann.

Das deutsche Reich hat unter der kaiserlichen Macht und Würde zwei verschiedene Formen des politischen Sonderdaseins entwickelt, aus welchen unser jetziger Zustand hervorgegangen ist: die Herzogthümer und die Marken. Die letzten waren deutsche Kolonieländer im Gebiete anderer Nationen, die ersten bildeten den Kern der in ihre Stämme gegliederten deutschen Nation selbst. Aus den Marken sind Preußen und Oesterreich, aus den Herzogthümern die Mittel- und Kleinstaaten hervorgegangen, und so sind nach dem Zerfallen des Reiches Oesterreich, Preußen und die Gesammtheit der Mittel- und Kleinstaaten zu drei gleichberechtigten Gliedern der Nation geworden, die eine neue organische Verbindung suchen.

So führt eine tief eindringende Untersuchung des Werdens der gegenwärtigen Weltlage wie der deutschen Zustände den Verfasser auf den Gedanken, welcher sich nun, obschon ich in dem Buche diesen Ausdruck nicht gefunden habe, als sogenannte Trias zu verwirklichen strebt. Doch habe ich nur einen unzulänglichen Begriff von dem reichen Inhalte des Buches gegeben, zu dessen Studium ich durch diese Bemerkungen meine Leser bestimmt zu haben wünschte.

XI.

Heidelberg, 4. Juni. Ich bin nun in meiner Schriftschau bis zu den Meinungsäußerungen der äußersten Rechten der Fortschrittspartei gelangt. Es sind dies Schriften in welchen der großdeutsche Gedanke als gemäßigte Verbesserung des gegenwärtigen Bundes auftritt. Der Gedanke der Trias erscheint den Männern welche diesen Parteibruchtheil ausmachen entweder zu radical an sich, oder zu gefährlich in Bezug auf die Verhältnisse unserer inneren und äußeren Politik, oder endlich ihrem politischen Ideale von deutscher Zukunft überhaupt nicht entsprechend. Einen positiven Gedanken haben sie statt dessen nicht ausgesprochen, und wenn sie nicht ohne ein Bild von dem sein mögen, was ihnen als das wünschenswertheste Ziel unseres jetzigen Ringens erscheint, so mögen sie es wenigstens für weise erachten, sich über Dinge, welche im Schooße der Zukunft liegen, rückhaltend auszusprechen.

In Einem haben diese Männer Recht, und es kann dem Volke nicht klar genug gemacht werden, darin nämlich daß der deutsche Bund, wie er besteht, sei er auch in vielen Beziehungen noch so untüchtig das nationale Bedürfniß zu befriedigen, dennoch für jetzt das einzige Band ist welches die Nation politisch zusammenhält; daß dieses Band nicht zerrissen, sondern verstärkt und besser geknüpft werden muß, und daß mithin jede Arbeit an einer innigeren politischen Einigung Deutschlands vom gegenwärtigen Bunde als dem gegebenen Zustande beginnen und unter seinem Schutze verrichtet werden muß.

Eine sehr verständige Schrift in diesem Geiste erschien aus preußischer Feder schon vor Ausbruch des italienischen Krieges, zur Zeit des preußischen Systemwechsels. Ich spreche von der „Denkschrift über Preußen" welche unter dem Titel „Suum cuique" zu Leipzig, Verlag von W. Engelmann, herauskam. Wäre nur die Politik welche in dieser Schrift vorgezeichnet ist, nicht durch die leidenschaftlichen und doch schleichenden Bestrebungen einer machtgierigen und doch feigen Partei verdrängt worden, welche zugleich in allen ihren Bewegungen den engen politischen Horizont mit sich herumträgt, — es stände heute besser um Deutschland und um Preußen selbst. Die Schrift ist preußisch durch und durch, — so preußisch wie ein Nichtpreuße gar nicht zu denken im Stande ist; aber sie ist auch großdeutsch durch und durch, und redet Oesterreich so gut wie den Mittel- und Kleinstaaten das Wort, und diesen letzteren in der That auf äußerst verständige Weise. Mit einem Worte, die Schrift ist entschieden **föderalistisch.** Das deutsche Staatensystem, wie es jetzt besteht, ist dem Verfasser mit Recht das bisherige Ergebniß des deutschen Einheitsgedankens, die Grundbedingung und der Ausgangspunkt jeder Fortentwickelung. (S. 33.) Der Weg zur Einheit geht für die deutsche Nation durch die Ausbildung und Anerkennung der Besonderheit. Wie unser bürgerliches Leben sich von jeher, und in neuester Zeit mit erneuter Frische, in Vereinen und Genossenschaften entfaltet hat, so stellt sich auch unser politisches Nationaldasein als ein **Verein von Staaten,** als **eine politische Genossenschaft** dar. Eine solche ist der deutsche Bund. Die schweizerische Eidgenossenschaft hat uns die Sache in ächt germanischer Weise vorgemacht. Man hat uns gesagt, daß es nur in republikanischer Form möglich sei; dafür ist aber weder ein Grund noch ein thatsächlicher Beweis aufzuführen. Im Gegentheil beweist der deutsche Bund thatsächlich, daß das noch viel schwierigere Bundesverhältniß, das der Verbündung von Monarchien und Republiken in der gleichen Genossenschaft möglich ist. So war es durch Jahrhunderte im deutschen Reiche.

In der großen Politik sprach der Verfasser — dies alles vor Ausbruch des italienischen Krieges — für eine preußisch-österreichische Allianz. „Eine preußisch-englische Allianz ist Sache freier Wahl: eine preußisch-österreichische ist Sache geschichtlicher Nothwendigkeit. Erwünschter mag ein Freundschaftsbund erscheinen, den die Neigung schließt; geheiligter aber sind die Bande der Verwandtschaft. Ueberhaupt, zu allen anderen Mächten kann Preußen sich nach Gutbefinden stellen und es gibt darunter keine an die es sich binden darf. Aber gebunden ist Preußen an Oesterreich, ist Oesterreich an Preußen — und es ist ein Aeußerstes, wenn eine der beiden Mächte diese Bande der Natur verleugnet oder gar verleugnen müßte." (Seite 55.)

„Die Möglichkeit französisch-italienischer Wirren liegt nicht ferne", sagte damals der Verfasser der Schrift. Und welche Haltung verlangte er im

Voraus von Preußen? — „So schmerzlich in mancher Beziehung die Wahrnehmung sein mag: eine Parteinahme Preußens für die Freiheit Italiens würde nicht nur in Preußen selbst, wo man es auf Rechnung alter Antipathie gegen Oesterreich schreiben könnte, sondern bei einem großen Theil der übrigen deutschen Nation, die stets geneigt ist zu idealistischer Auffassung, in hohem Grade populär, die Parteinahme für Oesterreich unpopulär, eine neutrale Stellung aber den Philistern in Preußen und den Rheinbündlern im südwestlichen Deutschland willkommen sein."

„Hier", fährt er fort, „muß die preußische Politik Charakter bewähren. Die Popularität kommt gar nicht in Betracht; sie ändert sich obenein mit der politischen Witterung. Zweierlei bezeichnet den echten Charakter Preußens in dieser Sache: Erstens ist jedes Danaergeschenk Frankreichs und Rußlands rund abzuweisen; mit Anerbietungen von Vortheilen darf nicht einmal diplomatisch kokettirt werden; die kaiserlichen Cabinette zu Petersburg und Paris müssen von vornherein erfahren, daß Preußen um keinen Preis feil ist; sie müssen das ganze Gewicht der Indignation eines ehrlichen Staates zu fühlen bekommen, der sich durch Anträge auf Kosten eines Bundesgenossen an der eignen Ehre gekränkt sieht. Und darin darf die Höhe des gebotenen Preises keinen Unterschied begründen: das freie Schleswig=Holstein, ja die deutsche Kaiserkrone, aus Frankreichs und Rußlands Hand empfangen, wäre der Anfang des Endes. Und zweitens, das R e c h t ist auch hier zu schützen. Das regste Mitgefühl für eine Nation, die — gesetzt es sei mit Italien der Fall — einmüthig gesonnen ist die Fremdherrschaft zu brechen, ist kein Motiv zum Treubruch. Preußen kann, ohne zum Verräther zu werden, n i c h t mit Sardinien gehen. Es muß sich vielmehr, ohne Rücksicht auf Vortheil und Nachtheil, auf Sympathie und Antipathie, auf der Linie des Rechtes halten. Es hat keine Pflicht der Garantie für die rechtmäßigen Besitzungen Oesterreichs in Italien; aber es wäre thöricht oder arglistig daraus zu folgern daß Preußen bei einem Angriffe Sardiniens, oder gar einem davon kaum noch trennbarem Kriege Frankreichs, wohl gar Rußlands, gegen Oesterreich neutral bleiben dürfe. Die Neutralität würde der Feindschaft gleich kommen." (S. 51—52). Das waren Ansichten die von preußischer Seite v o r dem italienischen Kriege geäußert wurden.

Nach dem Frieden machte sich der politische Standpunkt auf welchem wir uns hier bewegen, besonders in der mehr oder minder scharfen Kritik des von Preußen beobachteten Verfahrens geltend, und es wurde zum Theil auf die Geschichte zurückgegriffen, um das Urtheil über die Gegenwart zu begründen. Dies ist besonders in der Schrift: „Preußen als Großmacht und im deutschen Bunde gegenüber Oesterreich. Zur Erkenntniß des deutschen Zwiespaltes älterer und neuerer Zeit. Von Dr. Friedrich Nöllner" — geschehen, welche bei Zernin in Darmstadt erschien. Der Leser findet in derselben eine sehr lehrreiche gedrängte Zusammenstellung der geschichtlichen Thatsachen, welche auf das bezeichnete Verhältniß Licht werfen. Für meinen gegenwärtigen Zweck finde ich nichts herauszuheben, da es mir weniger um das Geschehene, als um das was geschehen soll zu thun ist.

Mehr dem Uebergange von der Gegenwart zur Zukunft gehört dagegen die höchst lehrreiche Schrift von Jürgens: „Deutschland im französisch-sardinischen Kriege (Basel, Schweighäuser'sche Buchhandlung) an. Der Leser findet in derselben ein reiches politisches Material für die Beurtheilung des Geschehenen und noch Bevorstehenden mit großem Fleiße und scharfem Blicke zusammengebracht, und wer sich nachträglich die Kenntniß der wichtigsten Anhaltspunkte für das Urtheil über die Gegenwart verschaffen will, kann in der That nichts besseres thun als die Schrift von Jürgens lesen. Ihre Sprache ist freilich für den Leser unbequem, — wer sich aber durch Schwierigkeiten wie die eines etwas langathmigen und oft unklaren Styles abschrecken läßt, der hat überhaupt bei diesen Fragen nichts zu thun. Die „Preußenthümler", wie der Verfasser die Gothaer nennt, werden sich freilich durch die Urtheile welche in der Schrift über sie ausgesprochen sind, nicht geschmeichelt fühlen; wer aber belehrt wird, kann sich niemals geschmeichelt fühlen, denn wenn man etwas lernt, muß man sich doch unvermeidlich eingestehen, daß man es vorher noch nicht gewußt; und wenn man zu Verstande kommt, spürt man daß man vorher daran Mangel gelitten hat. Gute Bücher sind deßhalb niemals schmeichelhaft für den Leser; damit mögen sich die trösten welche sich durch bittere Wahrheiten in dieser oder in irgend einer anderen Schrift gekränkt fühlen.

In hohem Grade lehrreich wird der Leser die beiden Abschnitte: „Zur Genesis des napoleonischen Kriegsplanes gegen Oesterreich" (II. und III.) finden, und wer das, was er daraus lernen kann, noch nicht gewußt hat, wird sich sagen müssen, wie sehr er in der Beurtheilung der

Dinge gefaselt hat. So wenn wir z. B. daran erinnert werden daß schon in Plombières Napoleon mit Cavour und dem nachmaligen moldowallachischen Fürsten Cusa politische Verabredungen getroffen hat. (S. 22.) Wie gimpelhaft kommt man sich dabei vor, wenn man etwa zu Denen gehört haben sollte, welche die neue moldo=wallachische Nationalität als einen Sieg der Freiheit der Völker begrüßt haben. Von der italienischen Nationalität darf man freilich in diesem Sinne jetzt noch nicht offen reden; das würden zu viele und zu vornehme Leute übel nehmen. Und doch wird auch hier die Zeit kommen, wo viele unserer Nationalitäts= und Freiheits=sympathisirer sich gimpelhaft vorkommen werden." Seite 22 werden wir auch daran erinnert, daß Lord Palmerston von Anfang an ein Mitwissender der Napoleonischen Projecte, also auch ein Mitverschworener gegen Deutschland gewesen ist, was die großen Politiker in Berlin nicht gehindert hat ihr abgeschmacktes Gerede von englisch=preußischer Allianz endlos herzuleiern. Die Kölnische Zeitung vom Januar 1852, sage achtzehnhundert zwei und fünfzig, hat in einer Pariser Correspondenz folgendes Programm der Napoleonischen Politik enthalten: „Bin ich gut unterrichtet, und ich habe alle Ursache es zu glauben, so will Louis Napoleon, wie im Innern so auch nach Außen, eine thätige Politik an die Stelle der jetzt bloß negativen treten lassen. Für eine solche thätige und kühne Politik, meint Louis Napoleon, wäre Lord Palmerston allein ein bereitwilliger Bundesgenosse. Der Präsident will nämlich zur Lösung der orientalischen Frage drängen, dabei auf Englands Seite stehen, sodann dessen Beistand in Italien, wo er im Bunde mit Piemont gegen Oesterreich einschreiten will, in Anspruch nehmen. Die Republik soll durch Savoyen und Nizza vergrößert, Sardinien dafür durch Parma, Piacenza, Guastalla, Modena und Lucca entschädigt, und zur Ausführung des Planes gegen Oesterreichs Einsprache kein Krieg gescheut werden, England aber dafür sorgen, daß der italienische Krieg nicht in einen europäischen ausarte." — Das hat zu Anfang des Jahres 1852 in der Kölnischen Zeitung gestanden! Sicherlich hat diese selbst es längst vergessen gehabt. Aber sie ist durch die Frankfurter Postzeitung, welche damals (zu jener Zeit die Frankfurter Ober=Postamts=Zeitung genannt) die Prophezeihung der Kölnischen mit Quellenangabe nachgedruckt, zu Anfange des italienischen Krieges daran erinnert worden. Und es wurde in der Postzeitung hinzugefügt: „Der erste Blick zeigt, daß man hier eine eingetroffene Prophezeihung vor sich hat. Schritt vor Schrit nach diesem Programme hat sich die französische Politik vor unseren Augen entwickelt. Dir orientalische Frage ist wirklich in der bezeichneten Weise zur Lösung gedrängt, wenn auch nicht gelöst worden, was über die italienische Frage gesagt wird, ist das getreue Spiegelbild dessen was oben als europäische Verwicklung vor uns liegt; Lord Palmerston, dem man die Rolle eines Beihelfers zugetheilt, war in Compiegne, nachdem Graf Cavour in Plombieres gewesen, und figurirt gerade in diesem Augenblicke (im April) als Bestandtheil einer englischen Ministerkrisis (d. h. er wurde englischer Minister weil Napoleon ihn als englischen Minister verabredetermaßen brauchte), die letzte Wendung des Programmes endlich, wonach England dafür sorgen soll, daß Frankreich freie Hand behalte, d. h. nur auf einen isolirten Gegner treffe, bezeichnet genau das was man die englische Vermittelung nennt."

„Es ist nicht glaublich", fährt die Postzeitung fort, „daß der Pariser Correspondent eine Politik, die so gänzlich nach eignen Heften zu verfahren pflegt, durch Combination errathen, oder daß er von sich aus einen Plan blos unterlegt haben sollte, den nachher die vollziehende Gewalt erst adoptirt hätte; es ist eben so wenig glaublich daß ein so abenteuerlicher, nämlich durch nichts veranlaßter und die zu lösenden Verwickelungen vorgängig erst hervorrufender Plan in zwei Köpfen, die nichts von einander wußten, gleichzeitig gewachsen wäre; schneidet man aber diese Voraussetzungen als unwahrscheinlich ab, so bleibt nichts übrig, als die Annahme, daß die Mittheilung jenes Programmes von einem Eingeweihten herrührte, und daß es folglich ein gültiges Zeugniß für die damaligen Pläne des französischen Staatsoberhauptes ist. Ist aber diese Annahme richtig, so folgt daraus: 1) daß Oesterreich schon der bedrohte Theil war als es sich noch in engster Befreundung mit Frankreich glaubte und im Vertrauen darauf gegen Rußland vorging; 2) daß keinerlei Schritt Oesterreichs in neuerer Zeit zu der gegenwärtigen Verwickelung Anlaß gegeben hat, und daß an ihm keinerlei Schuld einer Störung des europäischen Friedens liegt; 3) daß man diesseits des Rheins wenig darauf rechnen kann eine schon so lange im Anzug befindliche Kriegsaussicht durch irgend einen günstigen Zwischenfall, sei es ein Congreß oder eine Friedenserklärung, auch für die Zukunft loszuwerden. Es ergeben sich noch andere Folgerungen die wir (und wir auch, z. B. die, in Bezug auf die guten Verbindungen der Kölnischen Zeitung) hier unberührt lassen." —

Diese Bemerkungen zu der angeführten pariser Correspondenz der Kölnischen Zeitung vom Januar 1852 wurde am fünften April vorigen Jahres gedruckt. Was hat es genützt? hat die öffentliche Meinung Deutschlands sich die einfache und scharfe Alternative klar gemacht, daß unsere preußenthümlichen Politiker entweder unbewußte oder bewußte Mitschuldige einer seit vielen Jahren angelegten Verschwörung sind? — Nein! — Man scheut sich davor, die Sachlage auf einen so scharfen Ausdruck zu bringen, und zu große Verhältnisse machen auf die gewöhnliche Fassungskraft keinen Eindruck mehr; wie ein Maikäfer, der auf einem Blatte sitzt, keine Vorstellung davon hat wenn die Axt des Holzhauers am Fuße des Stammes thätig ist.

Von der wahren Rolle Englands scheint indessen auch Jürgens keine rechte Vorstellung zu haben. „Es ist indessen," sagt er, „schwer zu glauben (allerdings schwer zu glauben), daß die vermittelnde englische und preußische Diplomatie nicht mehr gesehen haben sollte als die tadelnden Stimmen ihr nachsagen. Umgekehrt sah und fürchtete sie vielleicht nur zu gut und zu viel, und ihr Fehler lag mehr darin daß sie Oesterreich zum Nachgeben zu bestimmen suchte, und Napoleon von seinem Vorgehen ablenken, vielleicht befriedigen zu können glaubte." (S. 14.) Das mag auf Preußen passen, aber es paßt nicht auf England, England, dessen Politik **das Werkzeug oder der Bundesgenosse Napoleons** (und Rußlands) auch dann wenn er nicht Minister ist, so sehr in der Hand hat, daß er, wie Erfahrung zeigt, immer zur verlangten Zeit Minister werden kann.

Genug für den welcher etwas zu lernen fähig ist, — viel zu viel für den welcher nichts zu lernen vermag! —

Der Schrift des trefflichen Publicisten, der in so vielen anderen Beziehungen durch nicht genug anerkannte Leistungen sich Verdienste um das Vaterland erworben hat, ist es einigermaßen gegangen wie dem Buche, welches den Gegenstand der Besprechung meines vorigen Briefes ausgemacht hat. Sie ist zu inhaltreich und zu frei von den Vorurtheilen des schablonenmäßigen Liberalismus, — sie muthet vor Allem dem Leser zu viel ernste Arbeit zu und stellt die Kannegießerei zu sehr in den Schatten, als daß sie hätte die gebührende Beachtung finden können. Desto mehr habe ich es für Pflicht gehalten ihre Verdienste hervorzuheben.

XII.

Heidelberg, 5. Juni. Mein gestriger Brief hat die von mir beabsichtigte Besprechung der Schriften unserer Fortschrittspartei für jetzt zu Ende gebracht. Ich habe allerdings manche Erscheinung unerwähnt gelassen, welche vielleicht eben so gut wie andere, die erwähnt wurden, hätte zu den Bemerkungen Veranlassung geben können um die es mir zu thun war; indessen konnte eine gewissenhaftere Abwägung der Ansprüche auf Beachtung innerhalb dessen was zusammengenommen nicht von großer Bedeutung war, nicht viel Zweck haben.

Indem ich von Anfang außer der Fortschrittspartei auch eine Stillstands- und Rückschrittspartei genannt habe, wird der Leser nun vielleicht auch eine Reihe von Anführungen und Bemerkungen in Bezug auf die Meinungsäußerungen einer jeden dieser beiden letzteren erwarten. Und freilich gibt es Menschen genug welche sehr begreiflicher Weise den lebhaften Wunsch hegen, daß Zustände in denen sie sich wohlbefinden, erhalten bleiben, während Andere natürlich die Blicke rückwärts wenden nach Verhältnissen die unwiederbringlich verloren sind. Demungeachtet sind streng conservative oder gar reactionäre Ansichten, in der Literatur von welcher hier die Rede ist, kaum bemerkbar vertreten. Denn selbst die Schriften welche sich die Vertheidigung der Concordate mit dem päpstlichen Stuhle zur Aufgabe gemacht haben, sind darum noch nicht reactionär oder auch nur conservativ zu nennen. Concordate sind die einzige Form in welcher der Staat sich mit der katholischen Kirche als einer organisirten Macht verständigen kann. Gesetzt die Juden aller Länder kämen auf den Gedanken sich einen obersten Rabbiner oder Hohenpriester zu ernennen und diesen z. B. nach Jerusalem zu setzen. Wer hätte ein Recht es ihnen zu wehren, außer etwa der Sultan, welcher gegen den Sitz zu Jerusalem Einsprache thun könnte? Angenommen aber die Juden hätten einen solchen Hohenpriester des gesammten Judenthumes, wo er auch seinen

Sitz haben möchte: — in welcher anderen Form könnten sich unsere Staaten mit ihren jüdischen Bürgern über Religionsangelegenheiten die in das politische Leben eingreifen, z. B. über eine wünschenswerthe Verlegung des Sabbaths, über Betheiligung am Schulwesen, über Eheverhältnisse und dergleichen verständigen, als durch ein Concordat mit diesem Hohenpriester? — Oder gesetzt die Lutheraner aller Länder kämen überein, sich in irgend einer Form unter einem allgemeinen Consistorium zu einigen, — wer hätte ein Recht es ihnen zu wehren? Und wenn nun einer unserer Staaten in seiner Gesetzgebung die Angelegenheiten der lutherischen Kirche berührte, wie anders könnte er sich darüber mit seinen lutherischen Bürgern verständigen als in der Form eines Concordates mit diesem allgemeinen Oberconsistorium? Das Verhältniß tritt ein, sowie eine Religionsgemeinschaft ihre Organisation über die Grenzen einzelner Staaten hinaus erstreckt. Die lutherisch-protestantische Auffassung des Verhältnisses von Kirche und Staat macht freilich den Landesfürsten zum Bischof einer Landeskirche, — es ist aber auch unzweifelhaft, daß diese Auffassung die nämliche ist welche dem russischen Zarenthume zum Grunde liegt, und daß sie von den wahren Bedürfnissen menschlicher Freiheit und menschlicher Einigung eben so weit entfernt ist wie es nur immer die Verirrungen der katholischen Autorität sein konnten. Das culturhistorische Wesen der Kirche und ihre ewige Bestimmung liegt eben darin daß sie **über die Grenzen der Staaten hinausreicht** und die Einheit des Menschengeschlechts bedeuten und bewirken soll. Die Kirche soll nicht national, noch weniger aber territorial sein, und auch der Protestantismus hat noch seiner Emancipation vom Staate entgegenzuharren. Wäre diese Emancipation ohne daraus folgende Auflösung der protestantischen Kirche möglich und vollzogen, so würden die Staaten auch mit der protestantischen Kirche Concordate abzuschließen haben. Aber freilich die Emancipation der Kirche vom Staate setzt auch die Emancipation des Staates von der Kirche voraus, und in dieser speciellen Beziehung mag ein Concordat leicht den Fehler begehen, die rechten Grenzen der gegenseitigen Beeinflussung nicht immer zu treffen. Die Gegner der Concordate mit dem päpstlichen Stuhle fragen aber nicht nach dem Besser oder Schlechter einzelner Bestimmungen, sondern sie wollen das ganze Verhältniß nicht einräumen. Wären sie aufrichtig, so müßten sie sagen: „unserem Fürsten bestreiten wir an sich das Recht nicht, Verträge die sich auf religiöse Angelegenheiten beziehen mit einer fremden Macht abzuschließen. So ist es kürzlich von Seiten christlicher Mächte mit dem Sultan geschehen. Nur den Papst erkennen wir nicht als eine Macht an mit welcher dieß zulässig ist. Nicht durch Vertrag mit dem Oberhaupte der katholischen Kirche, sondern durch die selbstständigen Gesetze unseres eigenen Staates sollen die kirchlichen Angelegenheiten, auch die katholischen, in unserm Lande geordnet werden. Denn ein Oberhaupt der katholischen Kirche sollte es eigentlich gar nicht geben, und einer Kirche deren Autorität außerhalb unseres Staates liegt, sollte eigentlich keiner unserer Bürger angehören dürfen." Das ist der innerste Gedanke der liberalen Opposition gegen die Concordate. Aber auch in dieser Angelegenheit, wie in so vielen anderen Dingen, ist der Liberalismus gerade da wo er am radicalsten vorwärts zu gehen glaubt, der entschiedenste Feind des Fortschrittes zu den richtigen gesellschaftlichen Einrichtungen, und namentlich der entschiedenste Feind eigentlich demokratischer Ordnungen. Der Kampf gegen die Concordate im Allgemeinen ist also ein Kampf des Liberalismus gegen die katholische Kirche überhaupt. Ein solcher Kampf nun mag von Seiten des Protestantismus, er mag auch von Seiten revolutionärer Elemente innerhalb der katholischen Kirche selbst geführt werden, — unverständig ist es, ihn in das Gebiet des Staatslebens selbst hineinzuspielen, da es der Staat mit bestehenden Mächten zu thun hat, unter denen die katholische Kirche nicht die geringste ist. Der russische Zar oder der Kaiser von Marokko mag uns gefallen oder nicht gefallen, — wir mögen hundertmal denken es sollte eigentlich keinen russischen Zaren oder keinen Kaiser von Marokko geben, — werden wir deßhalb unserer Staatsregierung das Recht streitig machen, vorkommenden Falles mit dem einen oder dem andern dieser Potentaten einen Vertrag abzuschließen? — Freilich wird von Vielen bestritten daß der Katholicismus heut zu Tage wirklich noch als eine solche bestehende Macht anzuerkennen sei. Aber in allen diesen Dingen täuscht sich das oberflächliche liberale Urtheil auf die unglücklichste Weise und das bekannte:

"Ihr seid noch immer da! Nein, das ist unerhört.
Verschwindet doch! Wir haben ja aufgeklärt!" —

wird noch oft mit dem gleichen Erstaunen wiederholt werden.

Der Schreiber dieser Briefe ist Protestant, und zwar Lutheraner, und schon oft hat er die Ueberzeugung ausgesprochen daß in den beiden parallelen Richtungen der Reformation, — der lutherischen welche auf die freie Philosophie, und der calvinischen welche auf den freien Staat geführt hat, die beiden Haupttriebkräfte des modernen Fortschrittes enthalten sind. Allein eben so alt wie diese Einsicht ist bei ihm die Ueberzeugung, daß der Welt mit der einseitigen Herrschaft des protestantischen Geistes so wenig gedient wäre wie mit der des katholischen, und daß der Beruf der katholischen Kirche weit davon entfernt ist schon vollbracht zu sein. Den Katholicismus überhaupt reactionär, oder auch nur conservativ zu nennen, ist durchaus sinnlos. Er kann reactionär, conservativ, liberal, radical, selbst revolutionär sein. Wir haben alles dieß erlebt. Wir wissen, ein wie feuriger Katholik Lamennais war, und dennoch wissen wir auch, daß die italienische Freiheitsbewegung der Zeit vor 1848 wesentlich mit von der italienischen Geistlichkeit aus der Lamennais'schen Schule ausgegangen ist. Auch vom Protestantismus wissen wir umgekehrt, daß er revolutionär, radical, liberal, conservativ und reactionär sein kann. Nicht nur ließ Calvin den Servet verbrennen, sondern auch Luther und Zwingli haben dieß gebilligt.

Und wie läßt es sich verantworten, in einer Zeit wie die unsere politische Angelegenheiten vom confessionellen Standpunkte zu beurtheilen? — Ich wiederhole also die Bemerkung daß eine Schrift, darum weil sie das österreichische, badische oder irgend ein anderes Concordat mit dem römischen Stuhle vertheidigt, noch nicht reactionär, ja nicht einmal conservativ sein muß. Einzelne Bestimmungen eines Concordats können liberal oder illiberal sein, die Form des Concordates aber ist und bleibt die Form in der auch die freisinnigste Lösung des Verhältnisses zwischen Staat und katholischer Kirche einzig und allein zu Stande kommen kann. Der Sturm in Baden, insofern er nicht gegen einzelne Bestimmungen sondern gegen das ganze Concordat als solches gerichtet war, hatte den einzigen Zweck in Carlsruhe den Einfluß gewisser Personen zu verdrängen.

So darf man wohl mit Recht sagen daß im Wesentlichen, in der Tagesliteratur über unsere Nationalangelegenheiten, die reactionären wie die streng conservativen Stimmen verstummt sind. Die Zeit der Hoffnungen, nicht nur auf die Erhaltung des Bestehenden sondern auch auf den Rückgang zu ehemaligen Zuständen, ist vorüber. Eine neue Zeit ist angebrochen, — eine neue Welt liegt vor uns. Noch ein Sandkorn mehr abgelaufen — — und durchaus veränderte sociale und politische Machtverhältnisse werden ebenso veränderte Rechtsverhältnisse zur Folge haben. Das fühlen wir alle, und auch die welche sich sagen müssen daß sie mit diesen neuen Verhältnissen, Ordnungen und Anschauungen sich nicht mehr versöhnen können, haben angefangen sich in das Unvermeidliche zu schicken. Eins aber bleibt den Verständigen aller Parteien übrig, die Pflicht, im Strome der Veränderung das zu retten, was das Gute für alle Zeiten ist, und in den Abweichungen der Meinung über das was der einzelnen Zeit angehört, gegen einander gerecht, duldsam und womöglich nachgiebig zu sein. Wir werden diese Bedingungen der Verträglichkeit und des gemeinsamen Handelns bald Alle gegenseitig und gemeinsam brauchen. Auch die welche vielleicht heute die Verwirklichung ihrer kurzsichtigen Pläne vorauszusehen glauben, werden morgen mit ihren Gegnern gemeinsam in der allgemeinen Fluth treiben, und rettende Dienstleistungen gegenseitig annehmen und gewähren müssen.